SPAW
428.2
ATL

$15

DATE DUE

SEP 0 6 2011	AUG 26 2012		
NOV 2 2 2011			
Dec 6 2011			
SEP 1 3 2012			
APR 3 0 2016			

Demco, Inc. 38-293

ATLAS
DE INGLÉS

ATLAS DE INGLÉS

Why not? You can

verticales de bolsillo descubrir

Barcelona, Bogotá, Buenos Aires, Caracas, Guatemala, Lima,
México, Panamá, Quito, San José, San Juan, San Salvador, Santiago

PRESENTACIÓN

El propósito de este atlas es ayudar al lector hispanohablante en la comprensión del funcionamiento y el uso de la lengua inglesa. Dado que el inglés tiene un peso cada vez mayor en el currículo escolar de los alumnos de primaria y secundaria, este libro pretende ser una herramienta de consulta completa que cubra los aspectos gramaticales que se imparten en ambas etapas. Se ha concebido como un libro de referencia para que tanto alumnos como profesores y padres puedan consultar dudas, aclarar usos y ampliar conocimientos.

Aunque no persigue ser una gramática exhaustiva ni una guía de conversación, este atlas intenta ser fiel a la normativa que rige la lengua inglesa sin olvidar ofrecer soluciones próximas al hablante actual, poniendo especial énfasis en el inglés británico. El uso de ejemplos, ilustraciones, tablas y cuadros ha permitido estructurar conceptos y explicaciones para hacerlos más accesibles a los distintos lectores, cuyos intereses variarán en función de su nivel de conocimientos.

Queremos que este atlas sea práctico y de fácil manejo. Su estructura de gramática tradicional, dividida en temas que cubren el nivel léxico y el nivel sintáctico y textual de la lengua, resultará en especial útil para quien quiera organizar sus conocimientos de forma sencilla. Manejar este atlas y profundizar en él nos permitirá familiarizarnos con algo tan útil y necesario hoy como es la lengua inglesa, que nos abrirá las puertas para que podamos conocer culturas y gentes nuevas.

Sumario

Introducción **14-25**

El sustantivo - Nouns **26**
    Realidades expresadas por los sustantivos 26
    Los nombres individuales y colectivos 27
    Nombres concretos y abstractos 28
    El sintagma nominal en la oración 28
    El sintagma nominal 29
    El número 30
    El género gramatical 31
    Nombres contables e incontables 32
    El uso de los partitivos 32
    Características básicas 33
    La formación de sustantivos 34
    La conversión 34
    Nombres compuestos 36
    El uso de las mayúsculas 37

Los determinantes - Determiners **38**
    Clasificación de los determinantes 38
    Los determinantes y los adjetivos 38
    Clasificación según su posición en el sintagma nominal 39
    Los artículos 40
    El uso del artículo definido 41
    Los determinantes demostrativos 42
    Los determinantes posesivos 42
    Casos especiales en el uso de *'S* 43
    'S para expresar posesión 43
    Los determinantes numerales
    y los determinantes indefinidos 44
    Los determinantes indefinidos 45
    Some y *any* 45

Los pronombres - Pronouns **46**
    El antecedente 46
    La clasificación de los pronombres 47
    Los pronombres personales 47
    Los pronombres demostrativos 49

Los pronombres posesivos ... 50
Los pronombres indefinidos ... 50
Los pronombres reflexivos ... 52
Los pronombres relativos ... 53

El adjetivo - Adjectives ... 54
Características de los adjetivos ... 54
La sustantivación del adjetivo ... 55
El orden de los adjetivos en el sintagma nominal ... 55
Formación de adjetivos ... 56
Adjetivos acabados en *–ing* y en *–ed* ... 57
Los grados del adjetivo ... 58
El grado comparativo ... 58
Estructuras comparativas ... 58
El grado superlativo ... 60
Doblamiento de la última consonante ... 61

El adverbio - Adverbs ... 62
Características de los adverbios ... 62
Clasificación de los adverbios ... 62
Tipos de adverbios ... 63
Gradación del adverbio ... 66
Sintagmas con valor adverbial ... 68
El adjetivo y el adverbio ... 68

Las preposiciones - Prepositions ... 70
Características de las preposiciones ... 70
Tipos de preposiciones ... 71
Las preposiciones de lugar ... 73
In, on y *at* como preposiciones de espacio ... 74
Diferencias entre *in, on* y *at* ... 75
Las preposiciones de tiempo ... 76
Omisión de la preposición temporal ... 76
In, on, at como preposiciones de tiempo ... 78
Otras preposiciones útiles ... 79
Sustantivos con preposición ... 80
Adjetivos con preposición ... 81

Conjunciones y otros conectores - Conjunctions and connectors 82
Tipos de conjunciones 82
Las conjunciones coordinantes 82
Las conjunciones correlativas 84
Errores comunes con las correlativas 84
Las conjunciones subordinantes 86
Posición de la oración subordinada 87
Otros conectores 88
Tipos de adverbios conjuntivos 89

El verbo - The verb 90
La persona y el número 90
El modo 90
Características de los verbos 90
El aspecto 91
Uso del modo imperativo 91
Clasificación de los verbos 92
Uso del modo subjuntivo 93
La forma de los verbos léxicos 94
Criterio morfológico: verbos regulares e irregulares 97
Verbos simples y verbos complejos 98
Características sintácticas comunes de los verbos complejos 98
Valor semántico de los verbos complejos 98
Diferencias entre verbos complejos 99

Los verbos con función auxiliar - Auxiliary and modal verbs 102
Los verbos auxiliares 102
El auxiliar *to be* 103
El auxiliar *to do* 104
El auxiliar *to have* 104
Have y *have got* 105
Los verbos modales 106
Can, could, can't, cannot, couldn't 108
Must, mustn't, ought to 109
May, may not, might not 110
Shall, shall not 111

Should, shouldn't 111
Would, would not, wouldn't 112
Will, won't 113

Infinitivo y gerundio -
The infinitive and the -ing form 114
¿Infinitivo o gerundio? 114
Uso del infinitivo 115
Otros usos del infinitivo 117
Usos del gerundio 117
Preposiciones con gerundio 119
Otros usos del gerundio 120
Verbos con infinitivo y gerundio 120

Los tiempos verbales - Tenses 122
La línea temporal 122
El grupo verbal 122
Clasificación de los tiempos verbales 123
El tiempo (*time*) y los tiempos verbales (*tenses*) 123
Simple, Continuos y *Perfect* 124
El *Present Simple* 126
Las señales identificadoras 127
El *Present Simple* en la oración 128
El *Present Continuous* 130
Cambios ortográficos 131
¿*Present Simple* o *Present Continuous*? 133
El *Past Simple* 134
Cambios ortográficos 134
El *Past Simple* en contexto 136
La pronunciación de los verbos en
Past Simple 136
El *Past Continuous* 138
Past Simple y *Past Continuous* 139
El *Present Perfect Simple* 140
El *Present Perfect Simple* y el *Past Simple* 143
El *Present Perfect Continuous* 144
Present Perfect Simple y
Present Perfect Continuous 145

El *Past Perfect Simple* 146
El *Past Perfect Continuous* 148

Formas de expresar el futuro - Ways of expressing the future 150
El *Future Simple* 150
El *Future Continuous* 152
Otras formas de expresar el futuro 156
El *Present Simple* con valor futuro 156
El uso de *be going to* + infinitivo 156
El *Present Continuous* con valor futuro 157

La oración - The sentence 158
El sujeto 158
El predicado 159
Los complementos del predicado 159
Tipos de oración según las características
del predicado 160
Posición de los complementos
en los verbos transitivos 160
La oración simple y la oración compleja 161

La oración según la actitud del hablante 162
La modalidad oracional 162
Las oraciones enunciativas 162
Las oraciones negativas 163
El doble negativo 165
Las oraciones interrogativas 166
Los *Questions Tags y sus particularidades* 168
Las oraciones exclamativas 169
Las oraciones dubitativas y las desiderativas 169

La oración condicional - Conditionals 170
La conjunción condicional *if* 170
Zero Conditional 170
First Conditional 171
Second Conditional 172
Third Conditional 173

Sumario

La voz pasiva - Passive voice 174
    La voz activa y la voz pasiva 174
    Diferencias en el significado 175
    Los tiempos verbales en voz pasiva 175
    El uso de los modales en voz pasiva 176
    Los verbos con dos objetos 176
    Have something done 177

Estilo indirecto - Reported Speech 178
    Estilo directo y estilo indirecto 178
    Say y *tell* 179
    Uso del estilo indirecto 179
    Uso del *Reported Speech* 180
    El imperativo y la interrogación 180
    Los verbos modales 181

Las oraciones de relativo -
Relative Clauses 182
    La oración relativa 182
    Tipos de oraciones relativas 182
    Defining Relative Clauses 183
    Non-Defining Relative Clauses 184
    Las preposiciones en las oraciones relativas 185

De la oración al texto - Building a text 186
    Registro formal y registro informal 186
    La cohesión en un texto 187

Conocimientos útiles - Useful Knowledge 190
    La fecha 190
    La hora 191
    El uso de los *greetings* 192
    El sistema de medidas anglosajón 193
    Algunas diferencias entre el
    inglés británico y el inglés americano 194

Índice alfabético de materias 196

INTRODUCCIÓN

ORIGEN DEL INGLÉS

La historia de la lengua inglesa es como una aventura con grandes momentos de esplendor y grandes momentos de crisis. No es sólo la historia de una nación, sino que implica varias naciones y pueblos, lo cual la hace muy variopinta. Es una historia de guerras y conquistadores, de héroes y villanos.

La lengua inglesa tiene su origen en el **siglo v d.C.,** cuando los guerreros germánicos llegaron a las Islas Británicas. Los nativos, **los celtas** y **los bretones**, fueron expulsados y emigraron a Gales, Cornwall y el norte de Escocia. El legado celta en la lengua inglesa es muy limitado y se reduce a algunos topónimos. Los nuevos habitantes se dividían en tres tribus: **los *Angles*, los *Saxons* y los *Jutes*** y hablaban tres dialectos distintos. En el siglo VII, el dominio anglosajón se había consolidado y las tribus germánicas estaban organizadas en **siete reinos**.

Chaucer (1344-1400) fue el primer escritor literario que escogió la lengua inglesa como lengua de inspiración. Su éxito dio mayor autoridad a la lengua inglesa. Su obra más importante es *The Canterbury Tales* (Los cuentos de Canterbury).

El poder fluctuó de un reino a otro durante dos siglos, pero en el siglo IX éste se concentró en Wessex, gobernado por el rey **Alfredo "el Grande"**. La concentración del poder en un solo reino propició una mayor estabilidad para la lengua anglosajona, lo que le permitió arraigar en territorio británico.

LA LLEGADA DE LOS VIKINGOS

Fue también en el **siglo IX** cuando los **vikingos**, provenientes de los países escandinavos, amenazaron las tierras anglosajonas y pusieron en serio peligro la lengua inglesa. La diplomacia del rey Alfredo, quien firmó un tratado con el jefe de las tribus vikingas en el año **878** (*Treaty of Wedmore*), fue un elemento clave para la pervivencia de la lengua. Según este tratado, los vikingos se establecían en la *Danelaw*, un territorio que pasaba a ser de su propiedad y se evitaba así una mayor invasión de las tierras anglosajonas y la desaparición del inglés. Ésta fue la razón por la cual Alfredo es el único rey de Inglaterra que ha merecido el sobrenombre de "el Grande", ya que fue literalmente **el gran salvador** de la lengua inglesa. Después de años de convivencia con los vikingos, el inglés antiguo absorbió al **danés**, aunque éste tuvo una enorme influencia en la composición de dicha lengua.

William Shakespeare (1564-1616) es uno de los escritores más universales de todos los tiempos y una figura clave en la literatura inglesa. Su contribución al desarrollo de esta lengua durante el Renacimiento fue muy importante. Más de dos mil palabras que existen actualmente en la lengua inglesa fueron registradas por primera vez en sus obras.

En el inglés actual todavía se conservan palabras de origen danés como *knife, skin, husband, freckle, scare, trust* y *wrong*.

LA AMENAZA DEL FRANCÉS

La amenaza del danés fue ciertamente importante, pero más preocupante fue la llegada del francés a las Islas Británicas. En el año 1042, el rey Eduardo "el Confesor" murió sin dejar clara la línea de sucesión. Los dos candidatos al trono, Harold, el hermano de la viuda de Eduardo, y William de Normandía, se enfrentaron en una guerra (*The Norman Conquest*) que terminó en 1066 con **la batalla de Hastings,** en la que Harold fue asesinado. Con un rey proveniente de Normandía, la lengua oficial de la Corte pasó a ser el francés. Sin embargo, este idioma se hablaba en un círculo muy reducido y la mayoría de la población seguía hablando el inglés propio de la Edad Media. Los caballeros normandos más alejados de las cortes se casaban con las campesinas inglesas y hablaban el inglés para poder comunicarse con ellas y con el resto de la población. Aunque sólo los círculos más cercanos al rey usaban el francés, éste se infiltró profundamente en la lengua inglesa dejando una importante huella **en el léxico**.

DE NUEVO, LENGUA OFICIAL

Años más tarde, los reyes normandos que gobernaban Inglaterra empezaron una serie de guerras con el continente que crearon la necesidad de diferenciarse de Francia y crear una **identidad nacional** distinta. El inglés fue el arma perfecta frente a una lengua, el francés, que se identificaba con el enemigo. Así pues, con la victoria de **Enrique V** contra los franceses en el siglo xv, el inglés se restableció como **idioma oficial**.

La Declaración de Independencia se firmó en la ciudad de Filadelfia en 1776.

EL RENACIMIENTO

En Inglaterra fue un período muy fructífero política y culturalmente. Durante este tiempo, los ingleses exploraron **nuevas tierras** y pusieron las bases de lo que más tarde sería el gran imperio británico. Piratas como Francis Drake y Sir Walter Raleigh viajaron y exploraron nuevas tierras en busca de nuevas oportunidades. Sir Walter Raleigh fue uno de los favoritos de la Corte de la **reina Elisabeth I**, y fue el máximo responsable de las expediciones que colonizaron el **Norte de América**.

LA VICTORIA DE LA LENGUA INGLESA

Ciertamente, el hecho de que los ingleses se establecieran en Norte América significó una gran victoria para la lengua inglesa. Aunque posteriormente Inglaterra colonizó infinidad de naciones, Norte América es uno de los pilares que sustenta **la pervivencia** del inglés como segunda lengua más hablada en todo el mundo.

Después de la **Declaración de la Independencia en 1776**, los Estados Unidos de América perdieron cualquier conexión con la Corona Británica. Los ingleses no fueron los únicos colonizadores de este continente que empezaban a tener **una identidad propia**, pero sí los más numerosos. Después de la independencia, se barajó la posibilidad de adoptar otra lengua para romper completamente cualquier vínculo con Inglaterra, pero más del 90 % de la población hablaba el inglés, con lo que se desestimó esta posibilidad. El inglés se instauró como lengua oficial en la nueva nación adoptando características propias que la hacen diferente del inglés británico.

Actualmente, el número de hablantes de inglés americano en los EE. UU. supera los **200 millones**. La influencia de Estados Unidos y de su idioma es muy notable a nivel mundial. El panorama musical está repleto de artistas estadounidenses y un elevado porcentaje de álbumes se editan en inglés. Por otra parte, **Hollywood** es un poderoso vehículo de difusión de la lengua y la cultura.

El inglés se ha convertido en la lengua gracias a la cual personas de muy distintos países y nacionalidades pueden comunicarse, aunque esto ha supuesto en muchas ocasiones la pérdida de la identidad de numerosas lenguas minoritarias. En amarillo aparecen las principales colonias inglesas durante el reinado de la reina Victoria.

EL IMPERIO BRITÁNICO: EL INGLÉS COMO LENGUA DE OPRESIÓN

Existe una expresión en inglés que resume a la perfección el poder que la Corona Británica alcanzó alrededor del planeta durante el reinado de la reina Victoria: *«The sun never sets on the British Empire»*. En efecto, en su momento de máximo esplendor, en el imperio británico nunca se ponía el sol. Para los ingleses la colonización de América del Norte no fue suficiente. Su afán de descubrir más mundo les llevó a establecer colonias en Sudáfrica, Nueva Zelanda, Canadá, Australia, India y Sudamérica.
En **la India**, el efecto de la colonización fue devastador. Los ingleses se hicieron con el control de la administración y las finanzas e impusieron el uso del inglés argu-

mentando que esta lengua llevaría a los nativos al conocimiento verdadero. El inglés tiñó de blanco un país de intenso colorido cultural y variedad de lenguas (se hablaban más de 200 lenguas diferentes) hasta el punto de que ningún ciudadano podía acceder a un puesto de trabajo si no era capaz de comunicarse en inglés. Tal y como Gandhi afirmó, **el inglés esclavizó a la India.**

Los efectos de la colonización en **Australia y Nueva Zelanda** fueron aún peores. Los ingleses implantaron en Australia una **colonia penal**. Los convictos eran llevados a las nuevas tierras para cumplir condena y dejaban así de ser un peligro para los habitantes de Gran Bretaña. La población aborigen, que hablaba más de 250 lenguas diferentes, fue prácticamente aniquilada. El inglés que se habla en Australia estuvo muy influenciado por la jerga de los convictos e incluye préstamos de las lenguas aborígenes.

La colonización de **Sudáfrica** empieza en el siglo XVII, aunque no fue hasta 1795 que los primeros británicos se establecieron. Desde entonces hasta 1803, se concedieron terrenos a un total de 5.000 pobladores. Éste fue el primer gran grupo de europeos que no asimiló la cultura Afrikaner.

MELTING POT: EL INGLÉS HOY

Durante siglos, la lengua inglesa ha enriquecido su léxico y estructura gracias al contacto con otras culturas y pueblos. Igual que la tierra de donde proviene, el inglés es una mezcla de influencias de distintas lenguas. A consecuencia de su flexibilidad y su gran capacidad para crear nuevas palabras, actualmente el inglés no sólo recibe influencias de otras lenguas y sigue evolucionando, sino que ejerce una gran influencia en la mayoría de idiomas del planeta. El mundo de la cultura, la publicidad y, sobre todo, de la alta tecnología, ha contribuido de forma extraordinaria a la difusión y al uso de muchos términos en inglés.

El inglés se estudia en las escuelas de todo el mundo como segunda lengua, y el número de personas que hablan inglés como lengua extranjera supera ya a aquellos para los cuales el inglés es la lengua materna.

Introducción

El sustantivo - Nouns

Si miráis a vuestro alrededor os daréis cuenta de que casi todos los objetos y personas que veis pueden asociarse con un nombre que los identifica, aunque todavía no lo conozcáis en inglés. Incluso hay cosas que no podemos ver, como los sentimientos o las ideas, que también podemos expresar gracias a los **sustantivos** o **nombres**, que en inglés se llaman **nouns** o **names**. Muchos sustantivos en inglés hacen referencia a las mismas realidades que los sustantivos en castellano aunque, como veremos, algunas de sus características son distintas.

REALIDADES EXPRESADAS POR LOS SUSTANTIVOS

Los sustantivos son unas palabras que pueden expresar realidades muy diversas. Pueden referirse a elementos concretos como personas *(boy, butcher, Emily)*, animales *(rabbit, horse, spider)*, plantas *(tree, flower, poppy)* u objetos *(bottle, lamp, skirt)*, o a realidades abstractas como sentimientos *(sadness, pleasure, friendship)* o ideas *(fantasy, purity, beauty)*. Algunos hacen referencia a entidades individuales *(player, soldier, sheep)* y otros a entidades colectivas *(team, army, herd)*.

Los sustantivos son las palabras que utilizamos con más frecuencia cuando hablamos y su función en la oración es muy importante.

a player a soldier a sheep

a team a herd an army

El sustantivo

***People** at the **demonstration** are asking for **peace** and **freedom**.*
People y *demonstration* son nombres comunes contables que hacen referencia a una realidad concreta. En cambio, *peace* y *freedom* son nombres comunes incontables que hacen referencia a una realidad abstracta.

CLASIFICACIÓN DE LOS SUSTANTIVOS

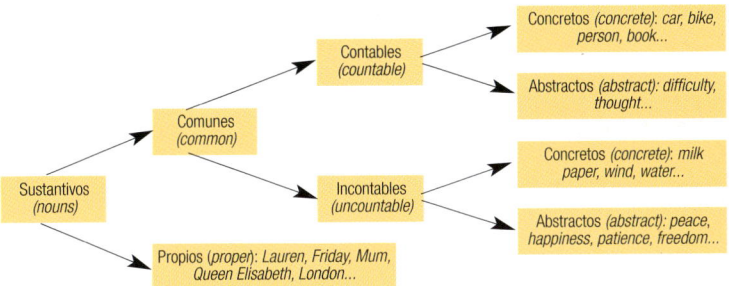

- Sustantivos *(nouns)*
  - Comunes *(common)*
    - Contables *(countable)*
      - Concretos *(concrete)*: car, bike, person, book...
      - Abstractos *(abstract)*: difficulty, thought...
    - Incontables *(uncountable)*
      - Concretos *(concrete)*: milk, paper, wind, water...
      - Abstractos *(abstract)*: peace, happiness, patience, freedom...
  - Propios *(proper)*: Lauren, Friday, Mum, Queen Elisabeth, London...

LOS NOMBRES INDIVIDUALES Y COLECTIVOS

Los nombres individuales designan a personas, animales o cosas que se entienden como elementos individuales, aunque nos refiramos a ellos en plural *(the gardener, a dog, two telephones)*. En cambio, los nombres colectivos hacen referencia a personas o animales entendiéndolos como un grupo *(the jury, a herd)*. A pesar de que los nombres colectivos tienen un valor semántico plural, al usarlos entendemos que todos los miembros que son designados por el nombre forman una unidad. Por ello, cuando un nombre colectivo está en posición de sujeto solemos conjugar el verbo en singular *(**The class is** working on a Science project)*.

NOMBRES CONCRETOS Y ABSTRACTOS

Los nombres concretos hacen referencia a aquellas realidades que podemos percibir a través de los sentidos físicos: tacto *(touch)*, vista *(sight)*, olfato *(smell)*, oído *(hearing)* o gusto *(taste)*. En cambio, los nombres abstractos expresan realidades intangibles como ideas o sentimientos. En general, la mayoría de nombres abstractos son incontables, lo que implica que carecen de plural *(my childhood > our childhood)*.

Our childhood was full of happiness!

EL SINTAGMA NOMINAL EN LA ORACIÓN

El sintagma nominal es una unidad sintáctica que puede funcionar en la oración como sujeto (en general, indicando quién realiza la acción expresada por el verbo), como objeto directo o indirecto (precisando el significado del verbo) o como complemento de algún elemento de la oración (concretando su significado). Cuando un sintagma nominal aparece con función de objeto o de complemento, suele estar integrado en un sintagma preposicional, un sintagma adverbial o en una oración de relativo. En estos casos puede ir precedido de una preposición, de una conjunción o de un pronombre *(I lend my bicycle **to my best friend**)*.

SUSTANTIVOS EN CONTEXTO

*There was a **gleam** of **blue** between the crowded **city tenements**. The dingy **buildings** with their identical **fronts** were like **stage scenery**, but behind them the **ocean** sparkled in the warm **June sunlight**, and that brief **glimpse** was a **promise**- a **preview** of what was to come. For **David** and **Susan** were travelling back to their **childhood**. This would be their first **visit** to their **home town** since they moved away five **years** ago.*

The Green Rock, de Sylvia Plath

EL SINTAGMA NOMINAL

El sustantivo es el núcleo del sintagma nominal. En general, el sintagma nominal está formado por un sustantivo que está acompañado de elementos que ayudan a determinar su valor semántico o sintáctico. Estos elementos pueden ser los artículos *(the singer)*, los adjetivos *(the **British** singer)*, sintagmas preposicionales *(the British singer **on stage**)* u oraciones de relativo *(the British singer **who is on stage**)*.

Los pronombres personales también pueden formar sintagmas nominales aunque su función es reemplazarlos en la oración *(**She** is my best friend)*.

FUNCIONES DEL SINTAGMA NOMINAL	
Sujeto *(subject)*	***The dog*** *is sitting by the girl's feet.* ***My mother*** *likes reading history books.*
Complemento directo *(direct object)*	*That man is buying **some fresh vegetables**.* *I am writing **a letter**.*
Complemento indirecto *(indirect object)*	*Tom gave **the girl** a bag of candy.* *My cousin bough **my aunt** a nice present.*
Atributo *(subject complement)*	*She is **a nice person**.* *My flatmate has become **a good friend**.*
Complemento del nombre *(noun complement)*	*The **lawyer's** jacket is hanging on the chair.* *This is a **woman** suit.*
Aposición *(appositive)*	*John, **the boy next door**, has got a new bicycle.*

EL NÚMERO

Como ya sabéis, el lenguaje nos permite referirnos a un único elemento si empleamos la forma singular del sustantivo que lo identifica *(a cat)* o a muchos elementos de la misma clase si empleamos su forma plural *(seven cats)*. La categoría gramatical que muestra este rasgo opositivo es el número, aunque no todos los nombres permiten esta variación. Aquellos que sí pueden formarse en plural, lo hacen modificando la terminación del sustantivo en singular o mediante un sustantivo distinto cuya terminación no varía.

LA FORMACIÓN DEL PLURAL

Si en singular termina en…	en plural añadirá…	Ejemplos
-vocal -ay -ey -oy -consonante	-s (excepto las que se indican)	a house → two houses one tray → two trays a boy → some boys one fork → some forks ¡atención! a pomato → some pomatoes a tomato → some tomatoes a sheep → some sheep
-s -sh -ch -x -z	-es	a bus → two buses a dish → some dishes a match → two matches one fox → two foxes a waltz → two waltzes ¡atención! one fish → two fish one quiz → two quizzes
-y	-ies	a party → two parties a lady → two ladies
-f -fe	-ves	a leaf → some leaves one knife → two knives

People es el plural de **person** y se emplea siempre con el verbo en plural.

ALGUNOS SUSTANTIVOS CON MARCAS DE GÉNERO

profesiones	femenino	stewardess, policewoman, nun, queen, princess…
	masculino	steward, policeman, monk, king, prince…
familia	femenino	mother, daughter, sister, aunt, grandmother, niece, spinster…
	masculino	father, son, brother, uncle, grandfather, nephew, bachelor…
animales	femenino	cow, hen, lioness, mare…
	masculino	bull, cock, lion, stallion…

El sustantivo

Los sustantivos que desempeñan la función de sujeto deben mantener la concordancia de número con el verbo (The **girl is** reading; The **girls are** reading).

Nos referimos a embarcaciones, coches y motos en femenino, y a las mascotas según sea su sexo biológico.

*The **girl is** reading.*

*The **girls are** reading.*

*I use both **feet** to score **goals** and win all the matches!*

PLURALES IRREGULARES

Algunos sustantivos no siguen estos patrones de formación del plural, por lo que son irregulares.

*person → people; child → children;
man → men; woman → women;
tooth → teeth; foot → feet;
mouse → mice; goose → geeze;
ox → oxen*

EL GÉNERO GRAMATICAL

Si alguien dice «*La gato tiene un cola*» pensaremos que bromea porque *gato* es una palabra masculina y *cola*, una palabra femenina. En algunos idiomas, el género gramatical es una propiedad básica e influyente de los nombres. En cambio, las distinciones por género gramatical en inglés son muy escasas y tienen poca influencia en el resto de elementos de la oración (**la** herman**a** pequeñ**a** – **el** herman**o** pequeñ**o** > *the younger sister; the younger brother*). La mayoría de nombres de sentimientos, elementos inanimados o animales son **neutros** *(house, tree, happiness, cat)*. Los sustantivos que se refieren a personas suelen tener un género **dual** compartido *(person, parent, baby, teacher, friend)*. Sólo son **femeninos** o **masculinos** los nombres de seres animados a los que se atribuye un género biológico femenino *(queen, waitress)* o masculino *(king, waitor)*. Los pronombres de la tercera persona del singular *(she, hers, he, him, it, itself…)* y algunos sufijos *(act**ress**-act**or**, widow-widow**er**)* también aportan marcas de género.

NOMBRES CONTABLES E INCONTABLES

Si partimos un monopatín en dos tendremos que comprar otro porque un monopatín roto ya no es un monopatín ni sirve para patinar. En cambio, si partimos una barra de queso, los trozos resultantes continúan siendo queso y son tan comestibles como la barra de la que provienen. Los **nombres contables** *(countable)* se refieren a cosas que tienen una unidad y forma estable que permite que los contemos como elementos diferenciados *(one skateboard, one girl, one tooth)* y los **nombres incontables** *(uncountable)*, a cosas que no tienen una unidad ni una forma estable, por lo que no podemos contarlos *(cheese, water, music)*. Estas diferencias hacen que unos y otros tengan características formales y gramaticales distintas.

Vigila con palabras como *bread* (pan), *advice* (consejo), *hair* (pelo), *furniture* (muebles), *news* (noticias), *weather* (tiempo atmosférico) o *work* (trabajo). ¡En inglés son incontables!

CONTABLES, INCONTABLES Y ARTÍCULOS

	Countable		Uncountable
	Singular	**Plural**	
no article	~~car~~ ~~eagle~~	cars eagles	milk air
a/an	a car an eagle	~~a cars~~ ~~an eagles~~	~~a milk~~ ~~an air~~
the	the car the eagle	the cars the eagles	the milk the air

EL USO DE LOS PARTITIVOS

Cuando queremos acotar una sustancia incontable recurrimos a los partitivos, que son unas expresiones cuya función es cuantificar a los nombres incontables. Las expresiones partitivas se construyen con un nombre contable, que es el que nos indica la medida, seguido de la preposición *of* y del nombre que se quiere cuantificar. Aunque el sentido común es un gran aliado a la hora de escoger el partitivo adecuado en cada caso, algunos nombres han de aparecer siempre acompañados de expresiones partitivas concretas (*a **slice** of bread* y *a **loaf** of bread* son correctas pero ~~*a bar of bread*~~ no lo es).

ALGUNAS EXPRESIONES PARTITIVAS

Jeff's Shopping List
- A **loaf of** bread
- Six **cans of** soda
- A **piece of** cheese
- Four **slices of** ham
- A **bar of** chocolate
- A **jar of** jam
- Two **bottles of** milk
- A **packet of** coffee

CARACTERÍSTICAS BÁSICAS

Los **nombres contables** pueden aparecer en **singular** y en **plural**.
En singular, siempre han de ir acompañados de un artículo determinado *(the)*, indeterminado *(a/an)* o de un determinante *(one, my)*. En plural, van precedidos del artículo determinado *(the)*, de un determinante *(three, some, many, their)* o solos. En cambio, los **nombres incontables** son **invariables**, por lo que sólo tienen una forma que no es ni singular ni plural. Nunca pueden ir acompañados del artículo indeterminado *(a/an)* ni de determinantes numerales *(one, two, three)*, aunque sí pueden aparecer tras el artículo determinado *(the)* otros determinantes *(some, much, their)* o expresiones partitivas *(a glass of, a piece of, a game of)*.

Las expresiones partitivas nos permiten cuantificar a nombres incontables y referirnos a ellos en singular *(a loaf of bread)* y en plural *(two loaves of bread)* sin modificar la forma del sustantivo.

LA FORMACIÓN DE SUSTANTIVOS

¿Cuántas palabras distintas que contienen la palabra *school* conocéis? *High school*, *schoolmate*, *preschool* son sólo algunas de las que formarían la lista. Como veis, los sustantivos, así como los adjetivos, los verbos o los adverbios, son categorías abiertas de palabras ya que podemos crear tantas nuevas como deseemos a partir de palabras existentes, y ampliar indefinidamente la cantidad de vocablos que forman la categoría. En inglés existen tres procesos básicos de formación de palabras nuevas: la **derivación**, la **conversión** y la **composición**. Mediante estos procesos también podemos formar adjetivos *(uncomfortable armchair; home-made soup)* y verbos *(to replace; to baby-sit)*.

¿Cómo diríais *to overcook* (¿*sobrecocinar?) o *to nurse* (¿*enfermear?) en castellano? Muchas palabras que resultan de derivaciones, conversiones o composiciones en inglés son imposibles en castellano o se expresan de otro modo (*to overcook* > cocer demasiado; *to nurse* > cuidar).

SUFIJOS QUE IDENTIFICAN A SUSTANTIVOS	
Sufijos	**Ejemplos**
–ity	nationality; personality
–er	driver; dancer
–ment	appointment; ointment
–ness	happiness; friendliness
–ation	donation; vacation
–ship	friendship; relationship
–hood	childhood; neighbourhood

LA CONVERSIÓN

La conversión es un proceso de formación de palabras mucho más empleado en inglés que en lenguas como el castellano. Consiste en cambiar la categoría gramatical de la palabra base sin añadir ningún morfema que modifique su forma. Aunque las conversiones se pueden dar entre adjetivos, verbos y sustantivos, la mayoría se da entre estas dos últimas categorías. Sólo podemos saber la categoría gramatical de este tipo de palabras por el lugar que ocupan en la oración.

El sustantivo

A partir del sustantivo *school* podemos formar palabras de distintas categorías gramaticales mediante derivación *(preschool > parvulario)*, conversión *(to school > escolarizar)* y composición *(high school > instituto)*.

LA DERIVACIÓN

La derivación es un proceso en el que se añade una o varias partículas al lexema de una palabra para modificar su valor semántico o sintáctico. Se llaman **prefijos** las partículas que se añaden al principio de las palabras base *(**sub**way, **fore**head)*, aunque a veces aparezcan separadas por un guión *(**non**-smoker, **co**-writer)*. Los **sufijos** son las partículas que se añaden al final de la palabra base *(neighbour**hood**, friend**ship**)*. Los vocablos resultantes de la derivación mediante prefijos mantienen la misma categoría gramatical que las palabras base. Sin embargo, la adición de sufijos a una palabra puede suponer la modificación de su categoría gramatical *(sad* es un adjetivo que pasa a ser sustantivo al añadirle el sufijo *–ness* para obtener *sadness)*.

> Los procesos de formación de palabras no sólo se aplican a los sustantivos. La derivación, la conversión y la composición también se emplean para crear adjetivos, adverbios y verbos.

Distintos prefijos y sufijos pueden aparecer simultáneamente en una misma palabra. El sustantivo ***unfriendliness*** (la antipatía) es el resultado de la derivación del sustantivo ***friend*** (amigo) en el adjetivo ***friendly*** (amistoso), del adjetivo ***friendly*** en el adjetivo opuesto ***unfriendly*** (antipático), que finalmente se deriva en el sustantivo ***unfriendliness***.

NOMBRES COMPUESTOS

Los nombres compuestos *(compound nouns)* son sustantivos que se forman al unir dos o más palabras para expresar un único concepto (**doorbell** está formado por los sustantivos **door** y **bell** y significa timbre). El significado de los sustantivos resultantes no es siempre la suma exacta de los significados de las palabras que lo componen, aunque sí se puede inferir por lógica (*penfriend* no es un bolígrafo amigo sino un amigo con el que nos comunicamos por carta). Las palabras que forman los nombres compuestos suelen ser nombres o adjetivos, aunque también pueden ser verbos.

Los nombres compuestos hacen el plural añadiendo la terminación correspondiente al final de la palabra resultante *(spoonful**s**)* o del elemento núcleo de la palabra compuesta *(brother**s**-in-law, post office**s**)*.

The **notebook** is on the **rocking chair** in the **dining-room**.

El pronombre personal **I** se escribe siempre con mayúscula *(Marion is watching TV and I am listening to music)*. Las palabras **Mum** y **Dad** (mamá y papá) también suelen escribirse con mayúscula.

El sustantivo

Los nombres compuestos toman dos conceptos expresados por dos palabras distintas y los unen en una sola palabra.

LA FORMACIÓN DE NOMBRES COMPUESTOS

Hay tres modos en los que las palabras se pueden agrupar para formar *compound nouns*. Sin embargo, no existe ninguna regla que indique cuál es la grafía más adecuada. Por este motivo, más de una forma puede ser correcta para un mismo nombre compuesto.

- Podemos unir las distintas palabras en una sola.
  Ej.: *toothpaste, spoonful, ashtray*.

- Podemos separar las unidades que los forman mediante un guión.
  Ej.: *brother-in-law, air-conditioning, T-shirt*.

- Podemos escribir cada palabra por separado.
  Ej.: *post office, high school, tissue paper*.

Algunos sustantivos se forman a partir de verbos *(to drive > driver)* o de adjetivos *(happy > happiness)*.

*Last Monday I got this picture of my penfriend. His name is **Imran** and he is **British**. **His** parents are **Indian**, **Buddhist**, but they all live in **London** and speak **English**.*

EL USO DE LAS MAYÚSCULAS

Hay varias situaciones en las que debemos emplear las mayúsculas o *capital letters*. Los **nombres propios**, que son los que damos a personas, animales, objetos o lugares para individualizarlos y mostrar que son únicos y específicos, se escriben siempre con mayúscula. Como también sabéis, cada vez que empezamos una frase **tras un punto**, debemos usar mayúscula en la primera palabra. Pero ¿sabías que cuando escribimos el nombre de **nacionalidades**, de **idiomas**, de los **días de la semana**, de los **meses** o de **religiones** también debemos empezar con mayúscula?

LOS DETERMINANTES - DETERMINERS

A menudo, los sustantivos aparecen precedidos por los **determinantes**, unas partículas que limitan su significado y aportan información adicional necesaria para situar al sustantivo y al sintagma nominal del que es núcleo en su contexto. Los determinantes forman un grupo cerrado de elementos que nos permite denotar distintas características de los elementos expresados por los sustantivos a los que acompañan. Podemos indicar cuál es la distancia física a la que están situados con respecto del hablante o bien las relaciones de posesión que existen entre éstos y los hablantes, por ejemplo.

CLASIFICACIÓN DE LOS DETERMINANTES

Los determinantes se pueden agrupar según la extensión de su significado gramatical en artículos, posesivos, demostrativos, numerales e indefinidos, o según las relaciones que mantienen con el resto de determinantes del sintagma nominal en predeterminantes, en determinantes centrales o en posdeterminantes. Aunque algunas de estas divisiones parecen complejas, resultan muy útiles para saber qué combinaciones de determinantes son correctas y cuáles no lo son.

Si prestáis atención al orden en el que han de aparecer los determinantes, podréis decir frases como *All my many happy friends came to my birthday party* sin meter la pata.

LOS DETERMINANTES Y LOS ADJETIVOS

En inglés, los adjetivos aparecen siempre delante del nombre al que acompañan, por lo que a veces se incluye a los determinantes dentro del grupo de los adjetivos. Sin embargo, unos y otros tienen características distintas: los determinantes aportan principalmente valores gramaticales acerca del sustantivo al que preceden y aparecen siempre delante de los adjetivos, mientras que los adjetivos aportan información semántica del sustantivo al que califican y aparecen directamente antes del sustantivo.

Los determinantes

CLASIFICACIÓN SEGÚN EL SIGNIFICADO GRAMATICAL

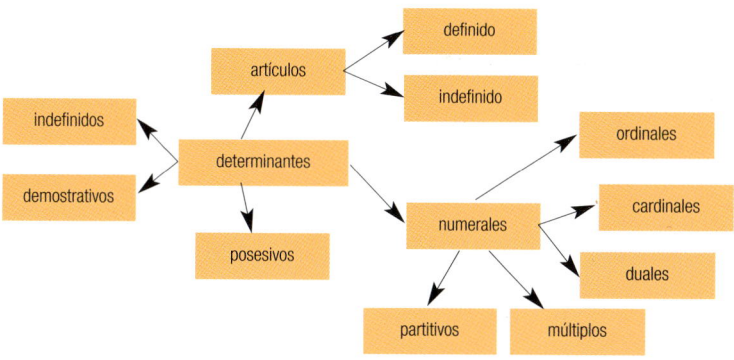

CLASIFICACIÓN SEGÚN SU POSICIÓN EN EL SINTAGMA NOMINAL

Los determinantes mantienen unas normas complejas acerca de la posición que deben ocupar en el sintagma nominal. Por ello, cabe distinguir entre **predeterminantes**, **determinantes centrales** y **posdeterminantes** para reconocer su lugar óptimo. Aunque no es muy común encontrar sintagmas con determinantes en todas las posiciones, sí es común que aparezca más de un determinante en un mismo sintagma nominal. Los tipos de determinantes que ocupan la misma posición en el recuadro que aparece a continuación son **excluyentes** entre sí, lo que significa que no podemos utilizarlos simultáneamente en un mismo sintagma nominal (*The that cat is white; Both twice my size*).

POSICIÓN DE LOS DETERMINANTES EN EL SINTAGMA NOMINAL

Predeterminantes	Determinantes centrales	Posdeterminantes	Adjetivos	Sustantivo núcleo del sintagma nominal
• Indefinidos *(all, some of…)* • Numerales múltiplos *(twice, double, three times…)* • Numerales partitivos *(half, one-fouth…)* • Numerales duales *(both, either…)*	• Artículos *(a, an, the)* • Posesivos *(my, her…)* • Demostrativos *(this, that…)*	• Numerales ordinales *(first, third, last, next, another…)* • Numerales cardinales *(one, two…)* • Indefinidos *(many, several, few, lots of…)*	*(black, nice, German, big…)*	*(boy, pencil, school…)*

LOS ARTÍCULOS

Los artículos son unas palabras que señalan al nombre al que preceden y que pueden aportar información sobre su número. Utilizamos el **artículo indefinido** *(a, an)* para introducir un nombre que no ha aparecido anteriormente en el texto, para hablar de un elemento o persona cualquiera entre los de su clase o para hablar de la profesión de una persona *(Is there **a** river in London?)*. Por el contrario, empleamos el **artículo definido** *(the)* para referirnos a elementos que ya hemos introducido en el texto o a nombres que designan elementos o personas específicos, identificables y diferenciados de los demás de su clase *(Yes, **the** river Thames)*.

ALGUNAS COLOCACIONES SIN *THE*

Colocaciones	Ejemplos
be in bed; go to bed	Emily doesn't want to go to bed early.
be in/at church; go to church	Some Catholics go to church on Sundays.
be at home; go home	Jeff has to be at home at 9 pm.
be in hospital; go to hospital	When you are sick you go to hospital.
be in prison; go to prison	Thieves must go to prison.
be at school/university; go to school/university; start school/university	Lauren is starting school next month. When she finishes school, she wants to go to university.
be at work; go to work; start work	Imran's parents are at work while he is at school.

ALGUNOS CASOS EN LOS QUE NO SE UTILIZA *THE*

Aunque hay más tipos de sustantivos que no pueden estar precedidos por el artículo determinado, los más relevantes se pueden agrupar según las siguientes categorías.

Deportes	I like soccer and he likes tennis.
Idiomas	Japanese is not an easy language.
Asignaturas	My favourite subject is Science.
Música	Lauren enjoys music, especially hip hop.
Conceptos generales	Red flowers are the most beautiful ones.
Meses, estaciones, semanas o días, solos o después de *next* o *last*	Did you play last week or are you playing next Monday?
Calles, plazas, etc.	I am looking for Oak Street, which is close to Ivy Square and Kilburn Road.

LOS ARTÍCULOS EN CONTEXTO

*Hi! My name is Jeff and I live in **a** town near Canberra, **the** capital of Australia. I am **a** surfer so I always carry **a** surfing board with me. **The** board is yellow, orange and red, like **the** sun. My mother is **a** writer and my father is **an** artist. She is writing **a** book and he is drawing **a** picture for **the** cover. When **the** book is finished, she will give me **a** copy of it.*

Utilizamos **a** delante de sonidos consonánticos aunque algunos se escriban con una vocal *(a waiter, a unicorn, a book)* y **an** delante de sonidos vocálicos *(an eagle, an ostrich, an hour)*.

EL USO DEL ARTÍCULO DEFINIDO

Cada lengua utiliza partículas semejantes de manera distinta a las demás lenguas. Si comparamos los usos del artículo definido en español con los que este artículo tiene en inglés nos daremos cuenta de que no siempre coinciden. A pesar de que la regla general para ambos idiomas dice que debemos emplear este artículo cuando hablemos de elementos específicos y distinguibles de los de su clase, hay algunas excepciones.

El artículo determinado está fijado como parte del sustantivo en algunos gentilicios *(The Hague, The Bahamas, The United States)*, accidentes geográficos *(The Alps, The Andes)* o nombres propios de carácter diverso *(The UN, The Times)*.

LOS DETERMINANTES DEMOSTRATIVOS

Los determinantes demostrativos nos dan indicaciones acerca de la lejanía *(that, those)* o cercanía *(this, these)* a la que se encuentra el nombre al que modifican respecto de la persona que habla. Aunque generalmente tienen un valor espacial, también pueden tener un valor temporal *(I am very busy these days)*. Los determinantes demostrativos aportan información acerca de la variación de número, es decir, de la cantidad de objetos que designan (uno o más de uno) pero no de la variación de género. Los adverbios **here** (aquí) y **there** (allí) nos dan una idea de si debemos usar los demostrativos de proximidad o de lejanía. En inglés no hay equivalente para el término intermedio *ahí*, ni demostrativo que indique esta posición.

DETERMINANTES DEMOSTRATIVOS		
	Proximidad	Lejanía
Singular	this	that
Plural	these	those

En inglés, los determinantes posesivos se emplean en vez del artículo delante de las partes del cuerpo (**Her eyes** are green) y de objetos personales *(I am wearing **my** red **coat**)*.

LOS DETERMINANTES POSESIVOS

Como su nombre indica, los determinantes posesivos sirven para expresar a quién pertenece un elemento (***my notebook***) o para relacionar dos elementos de un modo muy estrecho *(my children, our country)*. En lo que se refiere a la información gramatical que nos ofrecen estos determinantes, hay que decir que sólo indican el número de poseedores (uno o más de uno) pero no el número ni el género de los objetos poseídos. Sin embargo, las formas de la tercera persona del singular sí muestran variación de género, como sucede con los pronombres personales.

DETERMINANTES POSESIVOS			
	formas	ejemplos	
un poseedor	my	my friend	my friends
	your	your cat	your cats
	her	her book	her books
	his	his pen	his pens
	its	its paw	its paws
varios poseedores	our	our sweet	our sweets
	your	your key	your keys
	their	their child	their children

CASOS ESPECIALES EN EL USO DE 'S

Cuando queremos decir que algo pertenece a un lugar o a un objeto inanimado no es correcto emplear el *Saxon genitive*. En estos casos debemos invertir el orden de los elementos y usar una locución con la preposición **of** para unirlos *(the top **of** the mountain, the petals **of** a flower)*. Sin embargo, en ciertas expresiones temporales y espaciales debemos utilizar el *Saxon genitive* aunque se trate de elementos inanimados *(tomorrow's weather, ten minutes' walk)*.

No confundáis ***its*** con ***it's***, que es la forma apostrofada del pronombre personal *it* y el verbo *be* o *have (it is, it has)* en la tercera persona del singular.

*This **dog's playing** with a toy. The **dog's toy** is made of rubber.*

'S PARA EXPRESAR POSESIÓN

¿Cuántas maneras conocéis para indicar que algo pertenece a alguien? Además de las que habéis pensado, en inglés podemos usar el genitivo sajón *(Saxon genitive)* para indicar que una persona o animal posee una cosa. Para nombres en singular debemos añadir un apóstrofe y una ***s*** tras el nombre del poseedor seguido del nombre de la cosa poseída *(Emily's guitar, Mr. Burns's factory, the dog's toy)*. Cuando el sustantivo que hace referencia al poseedor es plural, sólo añadimos el apóstrofe *(these boys' T-shirts's)* excepto si el plural no acaba en *s (those women's books)*.

No confundas el *Saxon genitive* ('s) con la contracción de la tercera persona del singular de los verbos *be (Ann is my friend ← Ann's my friend.)* y *have (Paul has got a cat. ← Paul's got a cat).*

LOS DETERMINANTES NUMERALES Y LOS DETERMINANTES INDEFINIDOS

La lengua inglesa nos permite determinar a los sustantivos según el parámetro de la cantidad. Por ello, podemos emplear dos tipos de determinantes: los numerales *(numeral)* y los indefinidos *(indefinite* o *quantifiers)*. Los determinantes numerales abarcan una gran cantidad de modificadores con características muy diversas pero cuyo rasgo común es que cuantifican de forma precisa al sustantivo al que acompañan.

Los numerales **partitivos** y los **duales** deben aparecer seguidos de la preposición **of** si modifican a un pronombre *(two-thirds of it, both of them)*, y pueden mantener esta estructura si modifican a un sustantivo *(one-third [of] the water, both [of] the students)*.

CLASIFICACIÓN DE LOS DETERMINANTES NUMERALES

	Características	Ejemplos
Ordinales	Marcan la posición relativa del sustantivo en una secuencia mediante referencias específicas o generales.	*first, second, third…, next, last, other, another*
Cardinales	Concretan la cantidad de elementos a los que se refiere el sustantivo al que modifican.	*one, three, twenty-two, fifty-eight, one hundred…*
Partitivos	Fraccionan el sustantivo al que acompañan en distintas partes de un todo para indicar la cantidad de este todo a la que se refiere el sustantivo.	*one-third, two-quarters, two-fifths, one-fourth…*
Duales	Hacen refencia a dos elementos que mantienen una relación de empatía o dualidad entre sí. **Both** indica que ambos comparten la acción del predicado. **Either** excluye a uno de los elementos. **Neither** excluye a ambos elementos.	*both, either, neither*
Múltiplos	Indican la cantidad de veces que el sustantivo se multiplica por sí mismo.	*double, twice, three times, twenty times…*

El numeral dual **both** va seguido de sustantivos en plural *(both cats)* pero **either** y **neither** deben ir seguidos de sustantivos en singular *(either cat; neither cat)*. La construcción de estas formas con la preposición **of** permite que precedan a sustantivos en plural *(either of the cats; neither of the cats)*.

Los determinantes

LOS DETERMINANTES INDEFINIDOS

Usamos los determinantes indefinidos para cuantificar de forma imprecisa al sustantivo. Las características de este tipo de determinantes son complejas y algunos pueden aparecer en posiciones del sintagma nominal en las que otros no pueden aparecer, como ya hemos visto. Asimismo, unos indefinidos modifican sólo a sustantivos contables y otros a sustantivos incontables, aunque ciertos pueden modificar a ambos tipos de sustantivos.

> Para indicar que no hay bastante de algo tenemos que utilizar el pronombre indefinido *little* (para sustantivos incontables) o *few* (para sustantivos contables) sin el artículo *a*. En cambio, para indicar que hay suficiente de algo, utilizaremos *a* delante de *little* o *few*. Esta característica también es válida para *little* y *few* en su función de pronombres indefinidos.

*I have **little** money so I cannot buy the camera.*

*I have **a little** money so I will buy the camera!*

SOME Y *ANY*

CLASIFICACIÓN DE ALGUNOS DETERMINANTES INDEFINIDOS

Nombres incontables	Nombres contables
much (more, most of);	many (more, most);
little (less, least);	few (fewer, fewest);
a little; a bit of	a few; a couple of; several; none of

all of the; plenty of; a lot of; enough; any; no

Some se emplea en **oraciones afirmativas** como determinante para sustantivos **contables en plural** o sustantivos **incontables** *(She would like **some** cookies and I would like **some** juice).*

Any se emplea en oraciones **negativas** o en oraciones **interrogativas** delante de sustantivos **contables en plural** o sustantivos **incontables** *(I don't want any cookies and he doesn't want any chocolate. Are there any cookies? Is there any chocolate?).*

LOS PRONOMBRES - PRONOUNS

El lenguaje nos permite referirnos a objetos o personas sin nombrarlos directamente. Cuando decimos **It** is **hers** (Es suyo/a) ofrecemos información sobre la idea que queremos expresar distinta de la que ofrecemos al decir **The skateboard** belongs to **Lauren** (El monopatín es de Lauren). En el primer caso, sólo las personas que sepan a qué hacen referencia *it* o *hers* podrán entender totalmente nuestro enunciado. Como veis, aunque los **pronombres** son partículas que sustituyen a los sustantivos en la oración, sus características no son exactamente las mismas.

The skateboard belongs to Lauren. **It** is **hers**.

Look! **They** are selling strawberries! I love **them** when **they** are sweet!

EL ANTECEDENTE

Los sustantivos y los complementos del sintagma nominal aportan la información necesaria para comprender su significado en la oración. Sin embargo, los pronombres por sí solos no aportan suficiente información, por lo que el elemento al que sustituyen debe aparecer en el texto para que podamos descifrar su significado. Este elemento, que puede ser un sustantivo o sintagma nominal, se conoce como **antecedente** del pronombre y su significado puede derivarse directamente del texto *(**Strawberries** are my favourite fruit when **they** are sweet)* o del contexto físico en el que se desarrolla el discurso *(Look! **They** are selling strawberries!)*.

LA CLASIFICACIÓN DE LOS PRONOMBRES

Los pronombres nos permiten sustituir al sintagma nominal con sus determinantes pero para mantener el significado gramatical que éstos aportan al nombre al que acompañan, los pronombres también han de poder transmitirlo. Por este motivo, gran parte de los tipos de pronombres que estudiaremos a continuación tienen su correspondiente forma como determinante, que ya hemos visto en el tema anterior.

Los pronombres interrogativos se incluyen en el grupo de las *question words* (palabras interrogativas), que estudiaremos en el apartado dedicado a la interrogación.

TIPOS DE PRONOMBRES

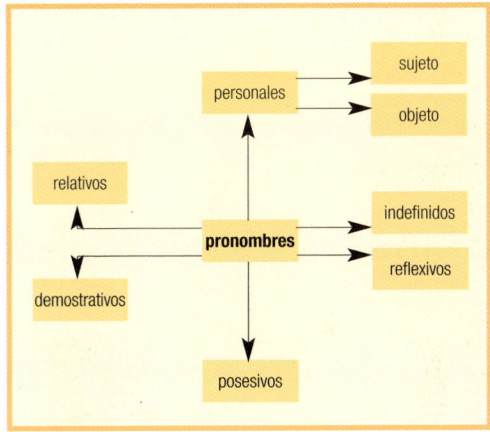

LOS PRONOMBRES PERSONALES

Los pronombres personales son aquellos que pueden condensar en sus formas información acerca de la persona gramatical (primera, *I-we*; segunda, *you*; tercera, *she/he/it-they*), del número (singular, *me*; plural, *us*) y de la función gramatical (sujeto, *she*; objeto, *her*) del sustantivo o sintagma nominal al que sustituyen. Como sucede con todos los grupos de pronombres, sus formas constituyen un sistema cerrado, lo que significa que están predeterminadas y que no podemos inventar nuevas.

El **sujeto** ha de aparecer obligatoriamente en la oración excepto en casos como las oraciones imperativas. Por este motivo, el uso de los pronombres personales que desempeñan esta función es mucho más común en inglés que en castellano.

LOS PRONOMBRES - PRONOUNS

PRONOMBRES PERSONALES: FORMAS

		Subject Pronouns	Object Pronouns
Singular	1st person	I	Me
	2nd person	You	You
	3rd person	She He It	Her Him It
Plural	1st person	We	Us
	2nd person	You	You
	3rd person	They	Them

Empleamos *it* como sujeto impersonal para hablar del tiempo o de una fecha (*It was December and it was cold*). También se emplea como sujeto u objeto "vacío" (su función es únicamente gramatical), cuyo referente aparece posteriormente en la oración (*It is funny the way she dresses!; I love it when the weather is nice!*).

Dear Jeff,

How are **you** doing? **I** am fine! Thanks for the letter **you** sent **me**. **It** is great! My friends read **it** and **they** want to meet **you**. I told **them you** may come in the summer and **they** were very excited, especially my best friend Kelly. **She** also likes surfing. **You** should see **her**... **she** is the best! **We** really enjoy going to the beach and you will come with **us** soon! Is your brother also coming? **He** is a nice guy. I really like **him**!
All the best for **you** and the rest of your family!

Emily

Los pronombres 49

*I love **it** when the weather is nice!*

El uso vulgar que se da a los **pronombres demostrativos en función de objeto** en castellano («Vi a ése por la calle») es imposible en inglés (~~I saw this on the street~~).

LOS PRONOMBRES DEMOSTRATIVOS

Estos pronombres no sólo tienen el mismo significado que sus determinantes equivalentes (relación de cercanía o lejanía), sino que también tienen la misma morfología *(this, that, these, those)*. Para distinguir a unos de otros, debéis observar si preceden a un sustantivo o si aparecen solos. El referente de estos pronombres puede ser tanto anafórico (aparece antes del pronombre) como catafórico (aparece después del pronombre).

Ninguna de las cuatro formas de los pronombres demostrativos en inglés tiene variación de género, por lo que no es necesaria una forma neutra como en castellano (eso, aquello).

Los pronombres demostrativos pueden tener un enunciado completo como antecedente, por lo que se emplean a menudo en diálogos.

PRONOMBRES DEMOSTRATIVOS

	Proximidad	Lejanía
Singular	this	that
Plural	these	those

LOS PRONOMBRES POSESIVOS

Los pronombres posesivos tienen la función de indicar a quién pertenece un objeto. Este objeto es su antecedente, y suele aparecer en la oración o en el texto con anterioridad al pronombre. Los pronombres posesivos responden a la pregunta **whose**? (¿de quién?).

Los pronombres posesivos en español marcan el género gramatical del objeto poseído (**la** casa es **mía**; **el** perro es **suyo**) pero sus equivalentes ingleses no tienen marcas de género excepto en la tercera persona del singular *(his, hers)*. Sin embargo, estas formas marcan el género gramatical de la persona que posee el objeto y no del objeto poseído.

LOS POSESIVOS

	Determinantes	Pronombres	Ejemplos
Un poseedor	My book	mine	These books are **mine**.
	Your necklace	yours	The necklace is **yours**.
	Her cat	hers	The cat is **hers**.
	His book	his	The books are **his**.
	Its fur	-	-
Varios poseedores	Our class	ours	This class is **ours**.
	Your CD	yours	Those CDs are **yours**.
	Their house	theirs	This house is **theirs**.

LOS PRONOMBRES INDEFINIDOS

Los pronombres indefinidos indican una cantidad con un mayor o menor grado de definición. Aunque la mayoría de sus formas coincide con las de los determinantes indefinidos, hay un grupo dentro de los pronombres que no tiene su equivalente en determinante. Son los indefinidos con valor universal.

Los pronombres

	INDEFINIDOS CON VALOR UNIVERSAL	
Antecedente personal	**Antecedente no personal**	**Hace referencia a...**
everyone	*everything*	**En oraciones afirmativas:** todos y *everybody* cada uno de los elementos. **En oraciones negativas:** sólo algunos de los elementos. **En oraciones interrogativas:** todos y cada uno de los elementos.
no one *nobody*	*nothing*	**En oraciones afirmativas:** ninguno de los elementos. **En oraciones negativas:** construcción extraña. **En oraciones interrogativas:** ninguno de los elementos.
anyone *anybody*	*anything*	**En oraciones afirmativas:** cualquiera de los elementos. **En oraciones negativas:** ninguno de los elementos. **En oraciones interrogativas:** alguno de los elementos, sin importar cuál.
someone *somebody*	*something*	**En oraciones afirmativas:** alguno de los elementos sin precisar cuál. **En oraciones negativas:** construcción extraña. **En oraciones interrogativas:** alguno de los elementos, sin precisar cuál.

Everyone *is dancing at the concert and* ***no one*** *wants to leave!*

Los pronombres ***one*** y ***ones*** se emplean como pronombres impersonales para hablar de uno o varios elementos indefinidos (*These sweets are the **ones** I like* > Estos caramelos son los que me gustan).

LOS PRONOMBRES REFLEXIVOS

Este tipo de pronombres actúa como el eco de otro elemento nominal que aparece en la oración y que acostumbra a ocupar la posición de sujeto. Esto es posible porque el pronombre reflexivo tiene el mismo antecedente que el elemento del que es reflejo. Los pronombres reflexivos pueden ocupar la función sintáctica de objeto directo, de objeto indirecto, de atributo o de complemento de régimen. La mayor parte de sus formas se pueden inferir de las de los determinantes posesivos añadiéndoles –*self* en las formas del singular y –*selves* en las del plural.

PRONOMBRES REFLEXIVOS

		Possessive determiners	*Reflexive pronouns*
Singular	1st person	my	*myself*
	2nd person	your	*yourself*
	3rd person	her	*herself*
		his	*himself*
		its	*itself*
Plural	1st person	our	*ourselves*
	2nd person	your	*yourselves*
	3rd person	their	*themselves*

Algunos verbos requieren el uso de pronombres reflexivos para poder conjugarse. Son los verbos reflexivos.

*He **prides himself on** being handsome.*

Los pronombres

PRONOMBRES RELATIVOS

Pronombre	Características	Ejemplo
Who	Su antecedente ha de ser personal. El pronombre debe estar en la posición de sujeto u objeto de la oración relativa.	A dancer is <u>a person</u> **who** dances.
Whom	Su antecedente ha de ser personal. El pronombre debe estar en posición de objeto de la oración relativa o tras una preposición.	Those are <u>the people</u> **whom** you met.
Whose	Su antecedente ha de ser personal. Indica una relación de posesión entre el antecedente y la oración relativa.	Bianca is <u>the girl</u> **whose** pictures you saw.
Which	Su antecedente ha de ser no personal. Puede adoptar la posición de sujeto y de objeto de la oración relativa.	I have <u>a car</u> **which** doesn't drive very fast. This is the plant **which** you planted.
That	Su antecedente puede ser personal o no personal. Puede adoptar la posición de sujeto y la de objeto de la oración relativa.	I have <u>a car</u> **that** doesn't drive very fast. These are <u>the people</u> **that** you met.

*This is Bianca. She is the girl **whose** pictures you saw.*

El pronombre **whose** se emplea para indicar una relación de posesión y equivale a las formas castellanas cuya/cuyo/cuyas/cuyos.

LOS PRONOMBRES RELATIVOS

Los pronombres relativos introducen oraciones relativas subordinadas que ofrecen información de tipo adjetival acerca de un elemento nominal que les precede en la oración principal, y que es su antecedente. Estos pronombres pueden tener referentes personales o no personales, pero ninguna de sus formas tiene variación de número o de persona.

El adjetivo - Adjectives

¿Os imagináis un idioma en el que no pudiésemos detallar las propiedades de los sustantivos?

Los adjetivos forman una de las clases de palabras más extensas, que abarca elementos que describen opiniones, tamaños, formas, colores y materiales, entre otras características. Son los acompañantes de los sustantivos y nos permiten describirlos ya sea para atribuirles unas cualidades específicas (**qualitative adjectives**: *some* **rich** *people*) o para clasificarlos según ciertas propiedades (classifying adjectives: *these* **wooden** *chairs*).

CARACTERÍSTICAS DE LOS ADJETIVOS

En general, los adjetivos aparecen antepuestos al sustantivo al que modifican (*I am reading an* **interesting** *book*). En este caso, decimos que el adjetivo está en posición **atributiva**. Sin embargo, también los podéis encontrar ocupando una posición **predicativa** separados del sustantivo por un verbo copulativo (*Imran is* **good-looking**) o por verbos que expresan uno de los cinco sentidos (*The food smells* **wonderful**). Por otra parte, los adjetivos permiten gradación ya sea mediante un adverbio intensificador (*It is a* **very** **sunny** *day!*) o mediante los grados comparativo y superlativo del adjetivo (*It is* **the warmest** *day of the year*).

Recordad que los adjetivos no admiten forma en plural, por lo que es incorrecto decir *the strawberries are reds*.

Dad, this **food** *is* **delicious**!

Aunque los adjetivos acostumbran a aparecer delante del sustantivo al que modifican, hay casos en los que han de aparecer con posterioridad.

Los adjetivos también pueden modificar a pronombres indefinidos pero siempre deberán aparecer detrás de éstos (*I hope there is* **something interesting** *on TV*).

LA SUSTANTIVACIÓN DEL ADJETIVO

Algunos adjetivos pueden funcionar como sustantivos cuando los empleamos con el artículo definido **the** delante. Podemos sustantivar un adjetivo para referirnos a un grupo de personas que comparten una cualidad específica *(poor people – **the poor**; disabled people – **the disabled**)*. También utilizamos adjetivos sustantivados para referirnos de un modo abstracto a cualidades subjetivas *(the worst; the strange)*.

*Buses should be adapted so that **the disabled** can use them.*

EL ORDEN DE LOS ADJETIVOS EN EL SINTAGMA NOMINAL

En ocasiones, un mismo nombre está modificado por más de un adjetivo, por lo que tenemos que decidir cuál va antes que el otro. Hay unas normas con respecto a la posición más natural de los adjetivos según el tipo de información que aporten acerca del sustantivo. En términos generales, podemos decir que los adjetivos que expresan opiniones subjetivas son los que aparecen más alejados del núcleo del sintagma nominal.

No es usual encontrar un sintagma nominal con tal cantidad de adjetivos modificándolo pero seguro que más de una vez necesitaréis calificar a un sustantivo con más de un adjetivo. Esta tabla os ayudará a saber en qué orden habrán de aparecer.

ORDEN DE LOS ADJETIVOS

Determinantes	Opinión	Tamaño	Edad	Forma
An	interesting	thick	ancient	square
Color	**Material**	**Origen**	**Uso/utilidad**	**Sustantivo**
brown	leather	Chinese	teaching	book

Los adjetivos también pueden ir unidos a verbos en infinitivo para dar información acerca del sustantivo *(This bag is **heavy to carry**)*.

***John** is **bored** because he is watching a **boring** film.*
¡No es lo mismo decir *John is **bored*** («John **está** aburrido») que *John is **boring*** («John **es** aburrido»)! Prestad atención a estas formas de los adjetivos para no meter la pata cuando las uséis.

Podemos dar mayor intensidad a los adjetivos con adverbios como *so* y *such*. *So* se emplea con adjetivos que aparecen separados del sustantivo al que califican *(Emily is **so happy** about the news!)*. *Such* se emplea con adjetivos que aparecen justo delante del sustantivo al que califican *(We had **such a nice** time on holidays!)*.

*There is **such a** wonderful view from this window! The air is **so** fresh!*

FORMACIÓN DE ADJETIVOS

Cuando decimos que una experiencia es *breathtaking* estamos empleando un adjetivo compuesto por dos elementos, cuyo origen es una construcción verbal *(It takes your breath)*. Podemos construir adjetivos **compuestos** a partir de un verbo acabado en *–ing* y de su objeto *(a good-looking person = the person looks good; a man-eating snake = the snake eats men!)*. También podemos obtener adjetivos nuevos a partir de la **derivación** con prefijos *(**un**happy; **self**-sufficient; **il**logical)* o sufijos *(hope**ful**; care**less**; self**ish**)*.

El adjetivo

ADJETIVOS ACABADOS EN –*ING* Y EN –*ED*

Algunos adjetivos adoptan la misma forma que los participios de los verbos, que en inglés pueden acabar en –*ing* o en –*ed*. A menudo, encontramos adjetivos que comparten una misma raíz pero que pueden tener las dos terminaciones (-*ing*; -*ed*). El significado del adjetivo varía según la terminación. En general, los adjetivos acabados en –*ing* hacen referencia a una característica intrínseca del elemento al que modifican (el adjetivo *boring* en *The film was **boring*** describe una característica de la película). Por el contrario, los adjetivos acabados en –*ed* describen el efecto que tiene una situación determinada en el elemento al que modifican (*bored* en *John was **bored** because of the film* describe el efecto que la película causa en la persona que la ve, John).

Aunque la mayoría de estos adjetivos tienen su origen en un verbo (*frightening situation > to frighten*), algunos no proceden realmente de uno (*talented people > to talent*).

ALGUNOS PREFIJOS

Prefijos	Significado	Ejemplos
un–	"lo contrario de"; "no"	*uncomfortable; unusual*
in–; im–; il–; ir–	"no"	*inanimate; impossible; illegal; irrational*
dis–	"lo contrario de"; "no"	*disabled*
self–	"a sí mismo"; "para sí mismo"	*self-sufficient*
pre–	"anterior a"	*pre-Columbian*
post–	"posterior a"	*post-colonial*

ALGUNOS SUFIJOS

Sufijos	Significado	Ejemplos
–ful	"que tiene"; "que aporta"; "lleno de"	*meaningful; beautiful*
–less	"que carece de"	*merciless; speachless*
–ly	"que posee la cualidad de"	*manly; daily*
–y	"como"; "lleno de"; "con características de"	*spongy; hairy; crispy*
–ish	"con el carácter de"; "de origen"	*selfish; Irish*
–like	"que se comporta como"; "parecido a"	*childlike; chocolatelike*

LOS GRADOS DEL ADJETIVO

Los adjetivos pueden designar una cualidad del sustantivo al que acompañan sin tener en cuenta al resto de elementos de la misma clase a la que se refiere el sustantivo, o bien poniéndola en relación con ellos. De este modo, el adjetivo puede indicar en qué medida o con qué intensidad se posee la cualidad que expresa. El **grado positivo** *(big, intelligent)* es la forma neutra del adjetivo, a partir de la que se construyen el **grado comparativo** *(bigger, more intelligent)* y el **grado superlativo** *(the biggest, the most intelligent).*

LOS COMPARATIVOS

La forma que adoptan los adjetivos en grado comparativo depende de su número de sílabas y de su terminación.

Adjetivos cortos	Hasta 2 sílabas acabados en -y	adjetivo + -ier	heavy / heavier
	1 sílaba	adjetivo + -er	cheap / cheaper

Adjetivos largos (2 o más sílabas)	more + adjetivo	expensive / more expensive

EL GRADO COMPARATIVO

El grado comparativo nos permite vincular dos elementos (expresados por sustantivos o por pronombres) entre sí en relación con una cualidad determinada. Puesto que el vínculo es de comparación, el adjetivo en grado comparativo expresará que uno de los elementos posee esta cualidad en mayor o menor medida que el otro *(Lauren's hair is long but Emily's hair is **longer**).*

ESTRUCTURAS COMPARATIVAS

Los adjetivos comparativos pueden aparecen por su cuenta o integrados en estructuras comparativas. Estas estructuras permiten mostrar la **superioridad**, la **igualdad** o la **inferioridad** de un elemento respecto de otro con relación a un rasgo compartido por ambos. En las estructuras de igualdad e inferioridad deberemos insertar el adjetivo en su grado positivo en la estructura adecuada. Por el contrario, en las estructuras que indican superioridad deberemos usar el adjetivo en grado comparativo.

El adjetivo

Cuadro de Georges-Pierre Seurat, *Un Domingo por la tarde en la isla de la Grande Jatte* (1884-1886).

Algunos adjetivos expresan cualidades que no permiten gradaciones. Por ejemplo, no tiene sentido decir que un cuadro es más único *(more unique)* que otro, puesto que el valor semántico de *unique* lo impide.

ADJETIVOS EN GRADO COMPARATIVO

*Where can I get the best vegetables and fruit? At the grocer's, tomatoes are **more expensive** but melons are **bigger**. Strawberries look **sweeter** and lettuce seems **fresher**. At the supermarket, carrots are **cheaper**, oranges look **juicier** but cucumbers are **smaller**.*

ESTRUCTURAS COMPARATIVAS

	Superioridad	Igualdad	Inferioridad
Posición predicativa	Jeff is **taller than** Imran. Emily's guitar is **more expensive than** Imran's football.	Emily is **as tall as** Imran. Imran's trousers are **as long as** Emily's (trousers). Jeff's hair is **the same colour as** Imran's (hair).	Emily is **less tall than** Jeff. Jeff's book is **less interesting than** Emily's (book). Emily is **not as tall as** Jeff. Jeff's eyes are **not as** big **as** Imran's (eyes).
Posición atributiva	Imran has **thicker** lips **than** Jeff.	Jeff has **as nice** friends **as** Emily.	Emily has **less colorful** clothes **than** Imran. Imran has **not as** long hair **as** Jeff.

EL GRADO SUPERLATIVO

Empleamos los adjetivos en grado superlativo cuando queremos mostrar que el sustantivo al que modifican posee una **cualidad en su grado máximo**. Los superlativos acostumbran ir acompañados de expresiones que indican respecto de quién o qué se mide el sustantivo adjetivado *(in the world, in the class, in my life…)*. Como sucede con los comparativos, sus formas dependen de la longitud del adjetivo y de su terminación.

Medimos las sílabas por los golpes de sonido que producimos al pronunciar el adjetivo y no según las normas de división que prevalecen en castellano.

¡No os olvidéis de emplear el artículo *the* delante de los superlativos!

*She is **the most creative** girl in class.*

LOS SUPERLATIVOS

Russia is **the largest** country in the world but, do you know which continent has **the longest** river?

ADJETIVOS IRREGULARES

Algunos adjetivos forman el grado comparativo y superlativo de modo irregular.

Good → better → the best

Bad → worse → the worse

Far → farther/further → the farthest/the furthest

Old → elder → the eldest (para personas)

Algunos adjetivos (generalmente con terminaciones en **-er, -ow, -er**) pueden formar el comparativo y el superlativo de dos maneras: *quiet → quieter/more quiet; clever → cleverer/more clever; narrow → narrower/more narrow; simple → simpler/more simple.*

DOBLAMIENTO DE LA ÚLTIMA CONSONANTE

Algunos adjetivos doblan la última consonante al añadirles la terminación del grado comparativo o superlativo. Para saber en qué casos debemos doblar la consonante, nos fijaremos en el orden en el que aparecen las tres últimas letras de la palabra. Si obtenemos la estructura **consonante-vocal-consonante**, tendremos que doblar la última consonante *(hot - hotter, thin - thinner, big - the biggest)*. En cualquier otro caso, mantendremos la consonante simple *(cheap - cheaper, old - the oldest)*. Si la última letra es *w* o *y* no se duplicará porque su sonido es semivocálico *(slow - slower)*.

*The giraffe is thi**nn**er than the elephant.*

El adverbio - Adverbs

A menudo queremos matizar el significado de un verbo, añadir información acerca de cuándo, dónde o cómo sucede la acción que éste indica o incluso modificar el sentido que le damos a una oración. Los adverbios nos permiten dar este tipo de pinceladas mediante las que podemos ofrecer una amplia variedad de detalles acerca de la acción de la que hablamos o de las actitudes de las personas involucradas en dicha acción.

CARACTERÍSTICAS DE LOS ADVERBIOS

Los adverbios son una clase de palabras muy extensa cuyas cualidades son bastante heterogéneas. A grandes rasgos, podemos decir que la mayoría de adverbios comparten ciertas características sintácticas y morfológicas. Su función principal es la de modificar a un verbo (de ahí viene su nombre), a un adjetivo o a una oración, aunque pueden aparecer en posiciones distintas según el alcance de su función modificadora. Su terminación más común es el sufijo **–ly,** aunque muchos adverbios no tienen una forma precisa que les distinga.

*If it stops raining **soon** we can **still** go for a walk.*

CLASIFICACIÓN DE LOS ADVERBIOS

Podemos clasificar los adverbios según distintos parámetros. En primer lugar, según el **tipo de información** que ofrecen, encontramos adverbios de tiempo *(time)*, de lugar *(place)*, de frecuencia *(frequency)*, de modo *(manner)*, de intensidad *(intensifier)*, de cortesía *(courtesy)* y de unión *(linking)*. Si consideramos la **función modificadora** que adoptan **con el resto de elementos** de la oración, los clasificaremos en adjuntivos *(adjuncts)*, disjuntivos *(disjuncts)* o conjuntivos *(conjuncts)*. Finalmente, si los clasificamos según **criterios morfológicos**, tendremos que considerar adverbios primitivos, derivados o compuestos. Dos o más palabras que desempeñan la misma función que un adverbio forman locuciones adverbiales.

TIPOS DE ADVERBIOS

Dada la gran extensión de palabras que componen la categoría de los adverbios y la variedad de significados que pueden aportar, resulta complejo elaborar una clasificación exhaustiva que los abarque todos. Además de los que aparecen en los recuadros siguientes, también hay adverbios y locuciones adverbiales que expresan **afirmación** *(yes, also, surely, indeed…)*, **negación** *(neither…)*, **duda** *(maybe, possibly…)*, **cortesía** *(please)*, etc.

*Are you **also** going to the party?*

***Yes**, I am **surely** going!*

ADVERBIOS SEGÚN CRITERIOS MORFOLÓGICOS

Derivados	añadiendo la terminación *–ly* a adjetivos o a participios	*hardly; intensely; mainly; politically; surprisingly…*
Compuestos	a partir de la unión de un sustantivo y un adjetivo	*otherwise; halfway…*
	añadiendo el prefijo *a–* a un sustantivo, un adjetivo o un adverbio	*along; aside…*
Primitivos	ni derivados ni compuestos	*almost; soon; ago; ever; below; there…*

¡Atención con la ortografía de los adverbios que añaden *–ly*! Si el adjetivo termina en *–ll* agregarán sólo *-y* *(full > fully)*, si termina en *–ue* perderán la *–e* *(true > truly)*, y si termina en *–y*, la cambiaremos por *–i–* *(easy > easily)*.

ALGUNOS ADVERBIOS DE MODO

Indican la manera en la que sucede la acción descrita por el verbo.

loudly, coldly, slowly, quietly, well, badly, suddenly, carefully, quickly, easily, nicely, fast, dangerously…

*The weather is **extremely** nice today. We are playing **outdoors** and my Mum is reading a book **peacefully**. **Later**, we are all going to have dinner **together**.*

PRINCIPALES ADVERBIOS DE TIEMPO

Ofrecen información temporal relacionada con la acción descrita por el verbo.

Cuándo sucede	Qué duración tiene	Con qué frecuencia sucede
later, first, tonight, then, afterwards, now, early, before…	ago, since, indefinitely, lately, until, temporarily…	always, never, sometimes, ever, rarely, weekly, daily, constantly, generally…

EL ORDEN DE LOS ADVERBIOS

Aunque este ejemplo es exagerado, si queremos modificar un verbo con más de un adverbio o locución adverbial debemos seguir ciertas pautas:

	Modo	Lugar	Frecuencia	Tiempo	Finalidad
Emily plays the guitar	enthusiastically	in her garage	every evening	after school	to improve her style.

El adverbio

PRINCIPALES ADVERBIOS DE LUGAR

Pueden indicar una posición o una dirección.

here, there, above, below, close, far, near, indoors, outdoors, inside, outside, along, forward, backward, beyond, away, abroad, opposite…

Los adverbios también sirven para enfatizar *(I **really** don't like it)*, para intensificar *(He **totally** refused to go to bed)* o para moderar *(I **almost** got there late).*

*I **sometimes** go to the cinema with my friends.*

ADVERBIOS DE FRECUENCIA

When I don't have to go to school, I enjoy doing many things.
I **sometimes** go to the cinema with my friends but I **rarely** go to the theatre. I also like sport so I **usually** play basketball with the school team. I **hardly ever** go to the swimming-pool because it is a bit far and I cannot go there on my own. I also like going to my friend's place. We **often** watch a movie and talk about many things. My friends and I **always** have a lot of fun together and we **never** get bored.

ADVERBIOS DE FRECUENCIA

How often do you go to the cinema?

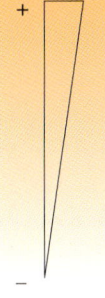

+
always
nearly always
frequently
usually
often
sometimes
occasionally
seldom
rarely
hardly ever
never
−

GRADACIÓN DEL ADVERBIO

Algunos adverbios admiten gradación. En general, los grados comparativo y superlativo de los adverbios se construyen como los de los adjetivos salvo dos excepciones: la mayoría de los adverbios de dos sílabas acabados en –y pueden construir el comparativo y el superlativo con la forma compuesta *(quietly > more quietly > most quietly)*; el grado superlativo no aparece con el determinante *the* delante *(This type of flower is **most commonly** found in Spring)*.

> Los adverbios de grado como **very**, **enough**, **really**, **too** o **quite** pueden modificar a un adjetivo o a otro adverbio para indicar su grado de intensidad *(Lauren is very happy; They walk too slowly)*.

Si los adverbios están integrados en la estructura de la oración no podemos prescindir de ellos sin que la oración quede extraña o incorrecta (si quitamos *up there*, la oración no se entiende). En cambio, si los adverbios no están integrados podemos quitarlos sin que el significado de la oración se vea alterado (si omitimos *frankly* no perdemos información relevante).

LOS ADVERBIOS SEGÚN SU FUNCIÓN MODIFICADORA

ADJUNTIVOS, DISJUNTIVOS, CONJUNTIVOS		
	Características	**Ejemplos**
Adjuncts	Comprenden los adverbios de modo, lugar, tiempo, etc. Pueden modificar a verbos, a adjetivos o a todo el predicado. Están integrados en la estructura de la oración.	*well, badly, here, there, yesterday…*
Disjuncts	Aportan información subjetiva sobre la intención del hablante al pronunciar el enunciado o sobre el contenido del enunciado. Su grado de integración en la estructura de la oración es menor y suelen ir entre comas.	*certainly, fortunately…*
Conjuncts	Tienen una función conectiva similar a las conjunciones. Su grado de integración en la estructura de la oración es menor. Suelen aparecer al principio de la oración seguidos de comas.	*finally, however, furthermore, therefore…*

El adjetivo

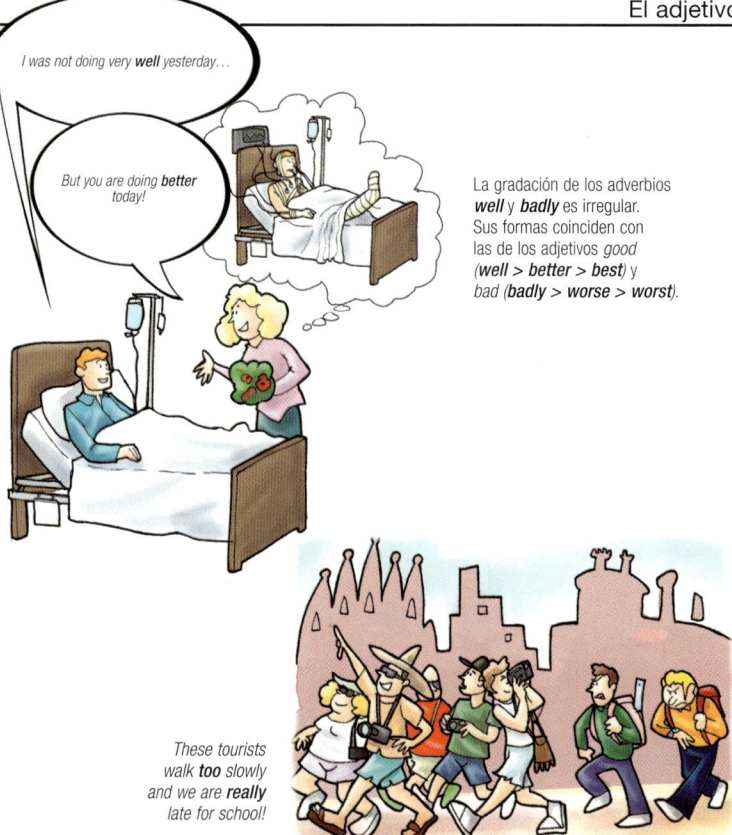

La gradación de los adverbios **well** y **badly** es irregular. Sus formas coinciden con las de los adjetivos *good* (*well > better > best*) y *bad* (*badly > worse > worst*).

ADVERBIOS DE ESPACIO INDEFINIDO

everywhere	Oración afirmativa: en todas partes. Oración negativa: no en todas partes. Oración interrogativa: en todas partes.
nowhere	Oración afirmativa: en ningún lugar. Oración negativa: construcción extraña. Oración interrogativa: construcción poco frecuente.
anywhere	Oración afirmativa: en cualquier lugar. Oración negativa: no en cualquier lugar. Oración interrogativa: en algún lugar.
somewhere	Oración afirmativa: en un lugar definido. Oración negativa: construcción extraña. Oración interrogativa: en algún lugar.

SINTAGMAS CON VALOR ADVERBIAL

Los adverbios no son los únicos elementos que nos permiten matizar el significado o las características de un verbo o de una oración. En ocasiones, el significado de los adverbios es demasiado general y no permite expresar con detalle una realidad. En estos casos empleamos **sintagmas con valor adverbial**, que son grupos de palabras con una función adverbial en la oración.

POSICIÓN DE LOS ADVERBIOS Y SINTAGMAS CON VALOR ADVERBIAL		
Inicial	Antes del sujeto. El adverbio puede ir seguido de coma si modifica al conjunto de la oración.	Posición frecuente para adverbios y sintagmas.
Media	Justo después del auxiliar o entre dos auxiliares. Justo antes del verbo léxico.	Posición muy frecuente para adverbios y poco frecuente para sintagmas.
Final	Después del verbo léxico y sus complementos.	Posición frecuente para adverbios y muy frecuente para sintagmas.

EL ADJETIVO Y EL ADVERBIO

Tanto los adverbios como los adjetivos tienen una función modificadora y aportan información adicional acerca de elementos de la oración. Algunos adverbios comparten la misma forma que algunos adjetivos *(She runs **fast*** > adverbio; *she is a **fast** runner* > adjetivo), se derivan de ellos *(gentle > gently)* o admiten gradación como los adjetivos *(intelligently > more intelligently)*. Por estos motivos a veces confundimos unos con otros, pero no debéis olvidar que los adjetivos modifican a los nombres, pronombres o elementos del sintagma nominal y que los adverbios actúan sobre verbos, adjetivos u oraciones completas.

*These **lovely** flowers smell wonderful!*

En algunas ocasiones podemos utilizar un **adjetivo** o un **adverbio indistintamente**. La oración *The choir is singing loud and clear* es tan correcta como la oración *The choir is singing loudly and clearly.*

El adverbio

TIPOS DE SINTAGMAS CON VALOR ADVERBIAL

Oraciones adverbiales	*When I finish my exams, we are going on holidays.* *We left for the cinema **before he came**.*
Sintagmas preposicionales	*My family moved to the States **in 1958**.* *The colour of the wall was lighter **behind the pictures**.*
Oraciones con infinitivo	*Imran is travelling to India **to see his family**.* *He went to the supermarket **to buy some food**.*

POSICIÓN DE LOS ADVERBIOS

Posición inicial	***Yesterday*** <u>we</u> *went to the zoo.* ***At the beginning**, <u>I</u> didn't know what to do*
Posición media	*Imran **always** <u>plays</u> soccer with his friends.* *Shells <u>can</u> **usually** <u>be</u> found at the seashore.*
Posición final	*We <u>left</u> the place **right away**.* *The boy <u>was</u> badly injured **after the accident**.*

No todas las palabras que acaban en *–ly* son adverbios: *lovely*, *friendly* o *lonely*, por ejemplo, son adjetivos.

When I finish my exams, we are going on holidays.

The girl is smiling beautifully es equivalente a la oración *The girl is showing a beautiful smile*. A veces podemos expresar la misma idea modificando el verbo con un adverbio derivado de un adjetivo o modificando un sustantivo con dicho adjetivo.

LAS PREPOSICIONES - PREPOSITIONS

Aunque el grupo de las preposiciones tiene entre sus filas a muchas de las palabras de menor longitud de la lengua, su función no es por ello menos relevante. Por el contrario, las preposiciones son unas partículas que nos permiten establecer relaciones entre los distintos elementos que forman la oración, ya sean palabras sueltas o sintagmas completos, y gracias a ellas podemos situar su función y su significado.

CARACTERÍSTICAS DE LAS PREPOSICIONES

Las preposiciones son palabras invariables que muestran una unión entre el objeto al que acompañan y otro elemento de la oración. Este objeto, que generalmente es un sintagma nominal *(Call me **before** lunch)* aunque también puede ser una oración completa *(She came home **before I was ready**)*, debe aparecer necesariamente detrás de la preposición que lo rige salvo en algunos casos.

*The man took a lamp **out of** the bag.*

*He put it **on** the table.*

***Apart from** the lamp, he also brought some flowers.*

LAS PREPOSICIONES EN CONTEXTO

In spite of the stormy weather, Jeff decided to take his surfboard and go to the beach. He was not afraid **of** the big waves that he could see **from** his window. He made a phone call **to** his best friend Luke, who lived **next to** him, **to** ask him if he wanted **to** join him. They arranged **to** meet **at** eleven o'clock **under** the Oak tree **in** Jeff's garden. As they were walking **towards** the sea, they both had their surfboards **with** them and held them **with** pride **under** their arm. The waves looked scary **from** such a close distance. Just **before** they dared **to** jump **into** the water, Jeff said: «Maybe it is not a good idea **to** surf today. Let's go home and listen **to** some music instead!».

Si el objeto de la preposición es un pronombre, éste debe ser un pronombre personal objeto *(me, you, her, him, them…)* o un pronombre reflexivo *(myself, herself, themselves…).*

*She is sitting **next to** him.*

TIPOS DE PREPOSICIONES

Desde el punto de vista semántico, las preposiciones pueden ofrecernos información espacial (**preposiciones de lugar**) o temporal (**preposiciones de tiempo**) sobre una acción. Podemos clasificarlas según sus características formales en preposiciones **simples** (formadas por una sola palabra > *on, under, at, off…*) o en **complejas** o **locuciones preposicionales** (unión de distintas palabras con función prepositiva > *into, out of, except for, in spite of, apart from…*). Algunas preposiciones complejas se escriben en una sola palabra *(into, onto)* pero su significado mantiene el significado de las dos unidades que las forman.

Algunas palabras pueden ser preposiciones o adverbios en función de si están ligadas a un objeto o si no lo están (*Put the letter **inside** the envelope* > preposición; *My friend invited me **inside*** > adverbio).

PREPOSICIONES DE LUGAR

Posición	respecto de un punto	*She was standing **at** the bus stop.*
	respecto de una superficie	*The newspaper is laying **on** the table.*
	respecto de un área o volumen	*The milk is **in** the fridge.*
Dirección	respecto de un punto	*I am going **to** the grocer's.*
	respecto de una superficie	*The cat has jumped **on(to)** the chair.*
	respecto de un área o volumen	*The girl is getting **in(to)** the bus.*

ALGUNAS PREPOSICIONES DE POSICIÓN

*The spider is **in** / **inside** the glass.*

*The spider is **out of** / **outside** the glass.*

*The spider is **on** the notebook.*

*The spider is **under** a sheet of paper.*

*There is a spider **among** the pencils.*

*The spider is **between** the rubber and the sharpener.*

*The spider is **in front of** the pencil case.*

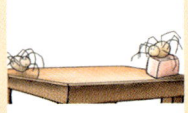

*The spider is sitting **opposite** her friend.*

*The spider is **next to** / **beside** a pile of books.*

*The spider is **by** / **at** the light.*

*The spider is 5 centimetres **above** the computer.*

*The spider is 10 centimetres **below** the table.*

Preposiciones y conjunciones

LAS PREPOSICIONES DE LUGAR

A menudo necesitamos dar indicaciones espaciales para relacionar una acción o un objeto a un lugar. En estas ocasiones usamos preposiciones de lugar, que pueden indicar una posición estática *(on, in…)* o una dirección *(into, along…)*. Estas preposiciones pueden aparecer detrás de verbos cuyo significado requiere indicar una posición *(Lauren is standing **at** the door)*, detrás de verbos que indican un movimiento *(Jeff is going **to** the beach)* o detrás de verbos que expresan una actividad *(The girls are playing **in** the street)*.

ALGUNAS PREPOSICIONES DE DIRECCIÓN

*Lauren is skating **along** the street.*

*Emily is walking **around** the shop.*

*Jeff is walking **up** the hill.*

*Imran is walking **down** the stairs.*

*Imran's parents moved **from** India **to** London.*

*Jeff is jumping **off** the bus.*

*Emily is going **to** school.*

*Lauren is walking **towards** her friends.*

*Emily is walking **across** the street.*

*Lauren is jumping **over** a brick.*

*Jeff is diving **into** the sea.*

*Imran is walking **out of** the changing room.*

*Jeff is running **away from** the wave.*

*Emily is walking **past** the baker's.*

*Imran's ball has gone **through** the neighbour's window!*

IN, *ON* Y *AT* COMO PREPOSICIONES DE ESPACIO

Si alguien nos dice que el libro está **en** la mochila, sabremos que está dentro de la mochila. Del mismo modo, si nos dice que los libros están **en** la mesa, entenderemos que están sobre la mesa. Si un amigo nos dice que le esperemos **en** la parada del autobús, sabremos dónde tenemos que ir. En castellano empleamos la preposición **en** para indicar distintas posiciones. Sin embargo, en inglés hemos de utilizar una de estas tres preposiciones, **in**, **on** o **at**, para dar este tipo de referencias espaciales.

Podemos utilizar las expresiones *at the bottom (of)…, at the top (of)…, at the end (of)…, at the back (of), at the edge (of)…* para indicar con mayor precisión el lugar en el que está situado algo.

En general, empleamos **in** para espacios extensos (países, ciudades, etc.) y **at** para lugares reducidos (estaciones, aeropuertos, lugares cerrados, etc.): *She is living in Brussels* pero *She was at a party*. Solemos usar **to** para indicar que algo se mueve hacia una dirección: *My Dad drives me **to** school*.

*All the students are **at the back** of the class.*

Decimos que algo está **in the front of / in the back of** a *car* (en la parte delantera/trasera de un coche) pero **at the front of / at the back of** a *building* o *group of people* (delante/detrás de un edificio o de un grupo de personas) y **on the front of / on the back of** a *piece of paper* (en el anverso/reverso de una hoja de papel).

Preposiciones y conjunciones

DIFERENCIAS ENTRE *IN, ON, AT*

Usamos la preposición *at* para situar un objeto en un lugar sin tener en cuenta sus dimensiones espaciales. Si decimos *The boy is waiting at the cinema*, no damos importancia a si el chico está esperando dentro o fuera del cine sino al hecho de que está cerca del cine como punto en el espacio. En cambio, si decimos *The boy is waiting in the cinema*, añadimos una dimensión espacial a la posición y entendemos el cine como un volumen o un área dentro del cual se puede estar. Finalmente, empleamos *on* para referirnos a la posición de un elemento sobre una superficie *He is sitting on a seat*. A pesar de que estos usos son claros, algunas de las apariciones de estas tres preposiciones no siguen una lógica determinada y las deberéis aprender de memoria.

The boy is waiting at the cinema.

The boy is waiting in the cinema.

He is sitting on a seat.

COLOCACIONES CON *IN, ON* Y *AT*

In	• *in bed* • *in a row/line* • *in a car* • *in hospital* • *in a room* • *in a river* • *in a street* • *in a country/city* • *in the sky* • *in the world* • *in the middle of…* • *in a book* • *in a newspaper*
On	• *on a bus / on a train / on a car / on a plane* • *on foot* • *on the first floor / on the third floor* • *on the ceiling / on the wall*
At	• *at home* • *at a bus stop* • *at work* • *at school* • *at the door* • *at the station* • *at the airport* • *at Emily's* • *at the concert* • *at the party*

LAS PREPOSICIONES DE TIEMPO

Las preposiciones también nos permiten dar información acerca del tiempo en el que sucede una acción. Estas indicaciones temporales pueden ser sobre un momento puntual *(They got married **in 1997**)*, o sobre un período de tiempo *(They have been married **for eight years**)*. En algunas ocasiones, el sintagma nominal que contiene la información temporal no está introducido por una preposición *(We are travelling to Italy **this summer**)*.

*Will she phone me **tonight**?*

May 1997

*They got married **in 1997**.*

*They have been married **for eight years**.*

OMISIÓN DE LA PREPOSICIÓN TEMPORAL

Cuando el sintagma que contiene la información temporal aparece después de las palabras **next**, **last**, **this**, **that**, **some** o **every**, omitimos la preposición que normalmente lo introduciría. Lo correcto es decir *His birthday party is next Friday* en lugar de *His birthday party is on next Friday*. Asimismo, tampoco aparece preposición delante de sustantivos cuyo significado integra el de las palabras *last*, *next* o *this*. Por ello diremos *She will phone me tonight* (*tonight* equivale a decir *this night*) en vez de *She will phone me at tonight*.

ALGUNAS PREPOSICIONES DE TIEMPO

Before	Indica que la acción sucede antes del momento expresado por el sintagma preposicional. Puede ir seguida de una oración o de un sintagma nominal.	*If I visit her in Spain, I will see her **before Christmas**.* *If I visit her in Spain, I will see her **before the year is over**.*
After	Indica que la acción sucede después de la indicación temporal expresada por el sintagma preposicional. Puede ir seguida de una oración o de un sintagma nominal.	*We are going on holiday **after the end of the classes**.* *We are going on holiday **after the classes are over**!*
Since	Indica el momento en el que empieza la acción expresada por el verbo. Puede ir seguida de una oración o de un sintagma nominal.	*I have been living in New York **since 2003**.* *I have been living in New York **since my family moved there**.*
For	Marca el período durante el cual sucede la acción expresada por el verbo. Va seguida de un sintagma nominal.	*I have been waiting at the bus stop **for ten minutes**.*
From... to/till...	Acotan el período temporal en el que sucede la acción expresada por el verbo. Van seguidas de un sintagma nominal.	*She will be in London **from the beginning of April to the end of July**.*
Until/till	Indica el momento en el que la acción expresada por el verbo deja de suceder. Puede ir seguida de una oración o de un sintagma nominal.	*We were watching TV **until you arrived**.* *We were watching TV **till five o'clock**.*
Over	Indica sin precisión el período durante el cual sucede la acción expresada por el verbo. Va seguida de un sintagma nominal.	*They are visiting us **over the holidays**!*
During	Indica el período durante el cual sucede la acción expresada por el verbo. Va seguida de un sintagma nominal.	*They are visiting us **during the holidays**!*
While	Introduce una acción que es simultánea a la acción expresada por el verbo principal. Va seguida de una oración.	*I hurt my knee **while we were playing soccer**.*

IN, ON, AT COMO PREPOSICIONES DE TIEMPO

In, on y *at* son unas preposiciones muy versátiles y también pueden introducir indicaciones temporales. ***In*** se emplea para hablar de meses, años y períodos de tiempo.
En cambio, utilizamos ***on*** delante de los días de la semana, de fechas o de días especiales en el calendario. Finalmente, ***at*** sirve para introducir la hora concreta o un momento concreto del día.

La expresión ***at the moment*** es equivalente en significado al adverbio ***now*** cuando se usa para decir que algo está sucediendo ahora.

*They are learning English **at the moment**.*

USOS DE *IN, ON, AT*

• In April • In summer • In 1992 • In five minutes • In the morning(s)	*Spring starts **in March**.* *I will finish my homework **in one hour**.* *We play tennis **in the afternoon**.*
• On Wednesday • On Fridays • On 4 May • On Christmas day • On my birthday • On Saturday night	***On Fridays**, I usually go out for a walk with my friends.* *I am giving a party **on my birthday**!* *I open my presents **on Christmas day**.*
• At one o'clock • At the weekend • At night • At Easter • At lunchtime • At the end of…	*I am meeting Lizzy tomorrow **at lunchtime**.* *We have holidays **at Christmas**.* *The lesson finishes **at one o'clock**.*

Cuando brindamos en inglés utilizamos la preposición ***to***: *Let's toast **to our friendship**!*

Preposiciones y conjunciones

OTRAS PREPOSICIONES ÚTILES

Además de las preposiciones de tiempo y espacio que hemos visto, hay otras preposiciones que introducen sintagmas preposicionales. Estos sintagmas pueden indicar que una acción se realiza en compañía de alguien, con el uso de un instrumento, por una causa concreta, con un objetivo determinado, para un uso específico, etc.

OTRAS PREPOSICIONES

Si queremos indicar…	Usaremos la preposición…	Ejemplos
Instrumento o medio	**by** **with** **without**	I go to work **by bicycle**. She cut the bread **with a knife**. You cannot travel **without a valid ticket**.
Causa o motivo	**because of** **out of** **for**	My clothes are wet **because of the rain**. She gave me chocolates **out of gratitude**. Thank you **for your help**.
Destinatario	**for** **to**	The kid is drawing a picture **for you**. We are selling the house **to my aunt**.
Origen	**from**	I got this book **from the library**.
Compañía	**with**	I am going for a drink **with my friends**.
Apoyo u oposición	**with** **for** **against**	I am **with you** on that: you are right. Are you **for the new rules**? No, I am **against them**. They are too severe.
Autoría	**by**	Hamlet is written **by Shakespeare**.
Concesión	**despite** **in spite of**	**Despite** of the rain, they went for a walk. **In spite of** the rain, they went for a walk.

SUSTANTIVOS CON PREPOSICIÓN

Como hemos visto, las preposiciones introducen distintos tipos de información para precisar el significado de un verbo o de un sustantivo. El uso de una u otra preposición dependerá de la realidad que se quiera expresar, pero hay algunos sustantivos que necesitan ir seguidos de una preposición específica.

ALGUNOS SUSTANTIVOS CON PREPOSICIÓN

a reason a check a need a demand	**for**	There is no **reason for** being sad. She gave me a **check for** 40 euros. There is a **need for** rain in some African countries. The **demand for** this product is high.
a cause a photograph a picture	**of**	Exams are the **cause of** my problems! Can you take a **photograph of** us? She is drawing a **picture of** the cat.
a rise a fall	**in**	The euro caused a **rise in** prices. There has been a **fall in** the quality of some products.
damage an invitation a solution a reaction	**to**	The accident caused **damage to** the car. I got an **invitation to** her birthday party. Crying is not the **solution to** your problems. His **reaction to** my question was strange.
a relationship connection contact	**with/ between**	I have a good **relationship with** my sister. There is no **connection between** the two robberies. There was no **contact between** us for two years. I had no **contact with** her for two years.

ADJETIVOS CON PREPOSICIÓN

Algunos adjetivos también requieren la aparición de una preposición específica detrás de ellos. En general, estos adjetivos se encuentran en oraciones con el verbo ser *(to be): she is happy about the news; they are responsible for the accident.*

ON + SUSTANTIVOS

• On the phone	• Paul is talking **on the phone**.
• On TV; on the radio	• Have you heard the news **on the radio**?
• On fire	• Help! The kitchen is **on fire**!
• On holiday; on an excursion	• We are going **on an excursion** next Tuesday.
• On strike	• The workers are **on strike** fighting for their rights.

ALGUNOS ADJETIVOS CON PREPOSICIÓN

to be	angry annoyed furious	**about** something	They are **angry about** the punishment.
to be	angry furious	**with/at** someone **for** something	I am **angry** at you **for** having lied to me!
to be worried	excited	**about** something	They are **excited about** the concert.
to be	good bad	**at** something	Imran is **good at** playing soccer.
to be	amazed astonished shocked	**at** o **by** something	He was **shocked by/at** the news.
to be	famous responsible	**for** something	Madonna is **famous for** her music.
to be	different	**from** something o someone	My Mum is very **different from** my Dad.
to be	sorry	**about** something	She was **sorry about** the misunderstanding.
		for doing something	I am **sorry for** having broken the glass.
to be	fond proud afraid	**of** something o someone	They are **proud of** their work. You can't be **afraid of** ghosts!
to be (un)	capable (un)aware full of	**of** something	You are **capable of** doing this exercise.
to be	interested	**in** something o someone	I am **interested in** contemporary art.
to be	married nice	**to** someone	You should be **nice to** people.

Conjunciones y otros conectores - Conjunctions and connectors

Como hemos visto en los capítulos acerca de las preposiciones y los adverbios, la lengua no sólo nos permite agrupar palabras en sintagmas, sino que también nos permite unirlos para crear oraciones. Las preposiciones no son las únicas partículas con esta función de nexo. Hay unos elementos que nos permiten poner en relación palabras, sintagmas, oraciones o párrafos para producir un texto cohesionado. Las unidades de la lengua que se encargan de relacionar elementos entre sí son las conjunciones.

TIPOS DE CONJUNCIONES

Las conjunciones nos permiten unir elementos y establecer relaciones de igualdad o de subordinación entre ellos. Éstas se dividen en tres grandes grupos: las **conjunciones coordinantes** *(coordinating conjunctions)*, las **conjunciones correlativas** *(correlative conjunctions)* y las **conjunciones subordinantes** *(subordinating conjunctions)*. En general, las conjunciones de los dos primeros grupos sitúan a los elementos que unen al mismo nivel de interdependencia, pero las del tercer grupo los sitúan a niveles distintos.

Cuando unimos dos frases mediante una conjunción, éstas suelen ir separadas por una coma.

*Emily plays the guitar very well, **but** she sometimes breaks a string.*

LAS CONJUNCIONES COORDINANTES

Las conjunciones coordinantes forman un grupo cerrado de elementos que se pueden utilizar para unir dos palabras o dos grupos de palabras. Sin embargo, del mismo modo en que sólo podemos sumar o restar elementos de la misma clase, las conjunciones coordinantes han de unir elementos que desempeñen la misma función en la oración: sujeto con sujeto, sintagmas verbales con sintagmas verbales y oraciones con oraciones.

 ***But*** también puede tener el significado de la expresión *with the exception of* (exceptuando). En este caso, puede ir seguida de ***for***.

USO DE LAS CONJUNCIONES COORDINANTES

Conjunción	Significado general	Elementos que puede unir *
and	Añade un elemento a una secuencia, marca un orden cronológico o introduce una idea como resultado de otra.	S *and* S A *and* A V *and* V O, *and* O
nor	Une alternativas u opciones indicando que ninguna es plausible. El primer elemento ha de aparecer tras una frase negativa. Si une dos oraciones, se ha de invertir el orden del verbo y el sujeto de la segunda oración.	S *nor* S A *nor* A V *nor* V O, *nor* O
but	Introduce un elemento que marca un contraste o una concesión respecto del primer elemento.	O, *but* O
or	Une alternativas u opciones de las que sólo una es realizable o plausible.	S *or* S A *or* A V *or* V O, *or* O
yet	Introduce una concesión o un matiz contrario al significado de la oración a la que va unida.	O, *yet* O
so (that)	Introduce la consecuencia, el efecto o la finalidad que tiene la primera oración.	O *so (that)* O

S = sustantivo; A = adjetivo; V = verbo; O = oración

CONJUNCIONES COORDINANTES EN UN TEXTO

*Yesterday, Jill **and** I wanted to watch our favourite cartoons together, **but** we had to do our science homework first. We are neighbours **so** she could come to my place, **or** I could go to hers easily. I went to her place **and** took two pieces of chocolate **and** cream cake with me for snack. When I showed Jill the cake she was disappointed because she had a stomachache! She could not eat chocolate **nor** cream, **yet** she had a bit of my piece. When we finished our homework, we stayed at Jill's **and** watched our favourite cartoons!*

LAS CONJUNCIONES CORRELATIVAS

Este tipo de conjunciones está formado por un grupo limitado de palabras cuya función es poner en relación dos elementos añadiéndoles un énfasis especial con valor disyuntivo o copulativo. A diferencia de las conjunciones copulativas o las subordinantes, las conjunciones correlativas **siempre van en pareja** para unir elementos de la misma clase. Los elementos que unen han de ser considerados gramaticalmente equivalentes.

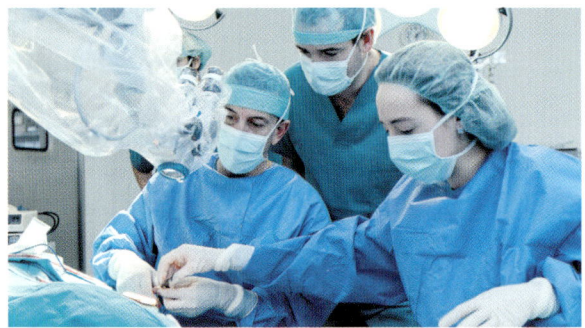

Both my mother and my father are doctors.

Las conjunciones con negación como *not only... but (also)*, *neither* o *nor* tienen una particularidad: cuando introducen oraciones, hemos de invertir el orden del sujeto y del verbo *(Not only does it look good, but it also tastes delicious!)*.

ERRORES COMUNES CON LAS CORRELATIVAS

A menudo construimos frases incorrectas con conjunciones correlativas porque los dos elementos que unen no tienen una estructura paralela.
La solución a estos errores es sencilla pero pasa por reorganizar la oración para conseguir el paralelismo necesario. En vez de decir **It was both an interesting movie and very entertaining* (*an interesting movie* es un sintagma nominal y *very entertaining* es un sintagma adjetival), tendremos que decir *The movie was both interesting and very entertaining* (ambos son sintagmas adjetivales).

Preposiciones y conjunciones

PRINCIPALES CONJUNCIONES CORRELATIVAS

Conjunción	Significado general	Elementos que puede unir *
both ... **and**	Une dos elementos indicando que la acción expresada por el verbo es plausible para ambos.	*both* S *and* S *both* A *and* A *both* V *and* V
not only ... **but (also)**	Une dos oraciones cuyo valor se entiende como especial o sorprendente. Añade énfasis.	*not only* O, *but (also)* O
either ... **or**	Introduce dos opciones entre las que se ha de elegir porque sólo una es realizable o plausible.	*either* S *or* S *either* A *or* A *either* V *or* V *either* O *or* O
neither ... **nor**	Introduce dos opciones, ninguna de las cuales es realizable o plausible.	*neither* S *nor* S *neither* A *nor* A *neither* V *nor* V *neither* O *nor* O
whether ... **or**	Introduce dos opciones añadiendo una duda acerca de cuál es realizable o plausible.	*whether* O *(or* O; *or* S)

* S = sustantivo; A = adjetivo; V = verbo; O = oración

*Children can **neither** drive cars **nor** sail boats.*

*I don't know **whether** she likes comedies **or** horror movies.*

La conjunción correlativa *whether... or...* permite que parte de la segunda oración esté elidida. Suele utilizarse para decir que una cosa puede ser cierta o no *(I don't know **whether** he is coming **or** [he is] **not**)*. En este caso, podemos omitir la parte de la correlación introducida por *or*, ya que se sobreentiende.

LAS CONJUNCIONES SUBORDINANTES

Las conjunciones subordinantes forman el grupo más extenso de este tipo de nexos, y muchas de ellas son adverbios o preposiciones con una función conjuntiva entre dos oraciones. Pueden estar formadas por una única palabra *(because, while…)* o por más de una *(so that, in order to…)*. Así como las conjunciones coordinantes unen elementos que están a un mismo nivel, las conjunciones subordinantes tienen por función conectar dos oraciones que están a distinto nivel jerárquico. Las conjunciones subordinantes se encargan de marcar el tipo de relación que se establece entre estas dos oraciones, que puede ser de tiempo, de lugar, de manera, de causalidad, de concesión, de oposición o de condición.

→ Las conjunciones *while* y *whereas* introducen una oposición entre dos oraciones con valor simétrico, por lo que se establece una relación de interdependencia más que de subordinación de una respecto de la otra.

ALGUNAS CONJUNCIONES SUBORDINANTES

Tiempo	Ejemplos
after	We turned off the music <u>after the neighbours complained</u>.
before	Take your time <u>before you give me an answer</u>.
when	<u>When you are ready</u>, let me know.
whenever	We can leave <u>whenever you want</u>.
while	<u>While I was studying</u>, light went off.
until	You can stay with us <u>until your plane leaves</u>.
as	<u>As she was walking out the door</u>, it started to rain.
once	You can go play <u>once you have finished your meal</u>.

We turned off the music <u>after the neighbours complained</u>.

Lugar	Ejemplos
where(ever)	We can meet <u>where(ever) you want</u>.

Causalidad	Ejemplos
because	She is wearing a coat <u>because it is cold</u>.
since	<u>Since it is raining</u>, we will stay home.
so that	We open the windows <u>so that fresh air comes in</u>.
in order to	We open the windows <u>in order to let fresh air in</u>.

We open the windows <u>so that fresh air comes in</u>.

POSICIÓN DE LA ORACIÓN SUBORDINADA

La oración subordinada está introducida por una conjunción que la hace depender de otra oración sintáctica y semánticamente: la oración principal. En general, la oración introducida por la conjunción puede aparecer delante o detrás de la oración principal. Sin embargo, como podéis observar en los ejemplos, en la mayoría de casos la oración subordinada va seguida de una coma cuando antecede a la oración principal.

You can go play once you have finished your meal.

Concesión	Ejemplos
although	<u>Although he studied hard</u>, he failed the exam.
though	He studied hard. He failed the exam, <u>though</u>.
even though	<u>Even though he studied hard</u>, he failed the exam.
even if	<u>Even if you pass the exam</u>, you will have to write a paper.

Although he studied hard, he failed the exam.

Condición	Ejemplos
if	<u>If you come early</u>, there will be tickets left.
provided that	There will be tickets left <u>provided that you come early</u>.
unless	There will be no tickets left <u>unless you come early</u>.
in case	We will book a hotel <u>in case we arrive late at night</u>.

We will book a hotel <u>in case we arrive late at night</u>.

Manera	Ejemplos
as if	She is behaving <u>as if she didn't know me</u>!
as though	She is behaving <u>as though she didn't know me</u>!

Erika likes apples <u>whereas</u> Martina likes grapes.

Oposición	Ejemplos
while	Erika likes apples <u>while</u> Martina likes grapes.
whereas	Erika likes apples <u>whereas</u> Martina likes grapes.

OTROS CONECTORES

Como vimos en los temas acerca del adverbio y las preposiciones, estas unidades también pueden tener una función conectiva. Los adverbios son conectores que actúan a tres niveles distintos, ya que pueden establecer relaciones lógicas entre dos oraciones independientes, entre dos secciones dentro de un párrafo o entre distintos párrafos. Asimismo, los pronombres relativos, que veremos en el tema que les está dedicado, ayudan a establecer un vínculo muy estrecho entre dos sintagmas.

USO DE ALGUNOS ADVERBIOS CONJUNTIVOS

Enumeración	Ejemplos
Establecen un orden cronológico o de relevancia dentro del texto.	***First****, I would like to learn English. I think it will be useful if I want to travel. **Then**, I would like to learn German because it will be necessary for my future job. **Finally**, I would like to learn Japanese because I think it is a really funny language.*

Adición	Ejemplos
Añaden información a lo dicho anteriormente o lo refuerzan aportando nuevos argumentos.	*I would like to learn English because I think it will be useful if I want to travel. **Moreover**, I like listening to British and American music. Most of the lyrics are in English and I would like to understand what they mean.*

Resultado	Ejemplos
Introducen una oración que explica la consecuencia o el resultado de lo que se ha dicho anteriormente.	*I have spent the summer in London learning English. **As a result**, my English has improved and I can understand the lyrics of my favourite music bands!*

Reformulación	Ejemplos
Amplían o aclaran la información que se ha dado anteriormente.	*I would like to learn English because I think it will be useful if I want to travel. **In other words**, I believe that English is the best language to communicate with people from all over the world.*

Alternativa o contraste	Ejemplos
Ponen énfasis en que lo dicho anteriormente no es lo cierto *(On the contrary)*, o muestran una oposición o alternativa *(On the other hand)*.	*Some people think that English will absorve smaller cultures and languages. **On the contrary**, I believe that English helps us learn about other communities because we can use it to communicate with eachother even if we do not speak the same language.*

TIPOS DE ADVERBIOS CONJUNTIVOS

Existen varios tipos de adverbios conjuntivos *(conjuncts)*, que tienen funciones de cohesión distintas. Estas funciones pueden ser de **enumeración** *(first, to begin with, second, then, next, finally…)*, **adición** *(moreover, also, furthermore…)*, **transición** *(with regard to…)*, **aposición** *(for example…)*, **resultado** *(therefore, as a result, consequently, so, thus…)*, **inferencia** *(in that case, otherwise…)*, **reformulación** *(in other words, otherwise, rather…)*, **alternativa** o **contraste** *(on the contrary, on the one hand-on the other hand, instead…)* o de **concesión** *(however, nevertheless, still, actually…)*. Muchos de estos adverbios suelen aparecer al principio de la oración, siempre seguidos de una coma, y pueden unir oraciones o unidades textuales mayores.

*I want to learn English, German and Japanese. **Still**, I cannot learn them all at the same time!*

*Thanks but I don't want coffee. I prefer tea **instead**.*

On the one hand, introduce una posibilidad y siempre va seguido de *On the other hand*, que introduce la otra posibilidad. *Instead* puede aparecer al principio de la oración seguido de coma, o al final de la oración sin coma *(I don't want coffee. Instead, I prefer tea)*. Podemos usar *instead of* con un significado equivalente pero dentro de la oración y sin comas *(I prefer coffee instead of tea)*.

Concesión	Ejemplos
Introducen información que resulta sorprendente o que matiza lo dicho anteriormente.	*I would like to learn English, German and Japanese. **However**, I know I cannot study them all at the same time, so I think it is better to start with English.*

EL VERBO - THE VERB

Todas las clases de palabras que hemos estudiado apenas servirían para comunicarnos si no fuese porque existen los verbos. Los verbos nos permiten expresar acciones *(They are baking some bread)*, estados *(She is a writer)* o procesos *(The horses turned into mice)*. Además de ser el núcleo del predicado, son la columna vertebral de la oración, tanto sintáctica como semánticamente, ya que sin verbo la oración deja de ser tal.

LA PERSONA Y EL NÚMERO

Exceptuando la 3.ª persona del singular del *Present Simple* (presente de indicativo) de todos los verbos y algunas formas del verbo *To Be* (ser), las formas verbales en inglés no nos dan información sobre la persona (primera, segunda o tercera) o el número (singular o plural), ya que no tienen morfemas gramaticales que los expresen. Esta información la obtenemos del sujeto, ya sea un pronombre personal ya sea un sustantivo que, como ya sabéis, ha de aparecer obligatoriamente en todas las oraciones salvo las que están en modo imperativo. Esta escasez de morfemas de persona y número no implica que no tenga que haber concordancia entre sujeto y predicado.

EL MODO

Las personas podemos expresar hechos *(My friend is talking to her)*, dudas *(Is my friend talking to her?)*, deseos *(If I were not shy, I would talk to her)*, órdenes *(Talk to her!)*, etc. El modo de una forma verbal hace referencia a la actitud que tiene el hablante al expresar la acción. El **modo indicativo** se emplea para hablar de hechos reales y es el modo en el que se expresan la mayoría de las acciones. El **modo imperativo** nos permite dar órdenes, instrucciones o sugerencias firmes. El **modo subjuntivo** se emplea para expresar deseos, condiciones o especulaciones.

La lengua nos permite expresar las distintas actitudes con las que las personas nos comunicamos.

CARACTERÍSTICAS DE LOS VERBOS

La categoría del verbo incluye elementos con funciones y características muy variadas: algunas formas verbales admiten flexión y muestran contrastes de **número** (singular o plural), **persona** (primera, segunda o tercera), **modo** (indicativo, imperativo o subjuntivo), **aspecto** (perfectivo o imperfectivo), **tiempo** (presente, pasado o futuro) o **voz** (activa o pasiva). Sin embargo, estos contrastes no aparecen en todas las formas verbales, como veremos.

El verbo 91

She is fixing the pipes.

They are fixing the pipes.

EL ASPECTO

El aspecto de los verbos hace referencia a la percepción que tenemos sobre el desarrollo de la acción. En inglés, el aspecto se muestra según dos parámetros: cuando valoramos si la acción está acabada o refleja un estado existencial, independientemente del tiempo en el que se desarrolle, decimos que el aspecto es **perfectivo** *(non progressive)*. En cambio, si la acción se presenta como no acabada o en desarrollo, su aspecto será **imperfectivo** *(progressive)*.

USO DEL MODO IMPERATIVO

La conjugación de los verbos en modo imperativo tiene una particularidad: el sujeto no aparece en la oración, cosa que no sucede en el resto de formas verbales. El imperativo se emplea generalmente para la segunda persona del singular o del plural, ambas con la misma forma, y se utiliza para expresar una orden o instrucción en presente (***come*** *here!;* ***do*** *your homework!)*. Su forma se construye con la forma base del verbo, que es la del infinitivo, sin añadirle ninguna terminación *(to paint >* ***paint*** *the walls!; to eat >* ***eat*** *your meal!)*. También podemos formar el imperativo para la primera persona del singular o del plural con la expresión *Let me* (singular) o *Let's* (plural) seguida del infinitivo del verbo: **Let me open** the door; **Let's go** for a swim!

En comparación con las formas verbales en castellano, las formas verbales en inglés aportan muy poca información acerca de la persona o el número del sujeto. Por eso resulta imprescindible que el sujeto aparezca en la oración.

*If I **were** and astronaut, I would see the Earth from space.*
Aunque el uso del subjuntivo es muy escaso en inglés, se emplea en algunas oraciones condicionales.

En las oraciones imperativas podemos indicar a quién va dirigida la orden o instrucción añadiendo el nombre de las personas separado del resto de la oración por una coma: *Lauren and Tim, come here!*

CLASIFICACIÓN DE LOS VERBOS

Como sucede con el resto de clases de palabras que hemos visto, existen distintos tipos de verbos, que podemos clasificar según su función dentro del sintagma verbal, según su significado (criterio semántico), según el tipo de complementos que requiera (criterio sintáctico) o según sea su forma externa (criterio morfológico).

Don't climb *up that tree!*
Podemos construir frases negativas en imperativo añadiendo el verbo auxiliar en negativo ***don't*** como si se tratase de una oración en presente *(Present Simple)*, pero sin el sujeto.

USO DEL MODO SUBJUNTIVO

En español usamos el subjuntivo con frecuencia para expresar deseos (quiero que **venga**), posibilidad (tal vez **vaya** al cine esta noche), etc.

A diferencia de lo que sucede en castellano, el modo subjuntivo tiene muy poca relevancia en inglés, ya que utilizamos otros recursos como los **verbos modales** o los **verbos en infinitivo** para expresar el grado de subjetividad del subjuntivo castellano *(I want him **to come**; I **may go** to the cinema this evening)*. Sin embargo, hay casos puntuales en los que sí empleamos el subjuntivo, como en algunas oraciones condicionales.

TIPOS DE VERBOS SEGÚN SU FUNCIÓN

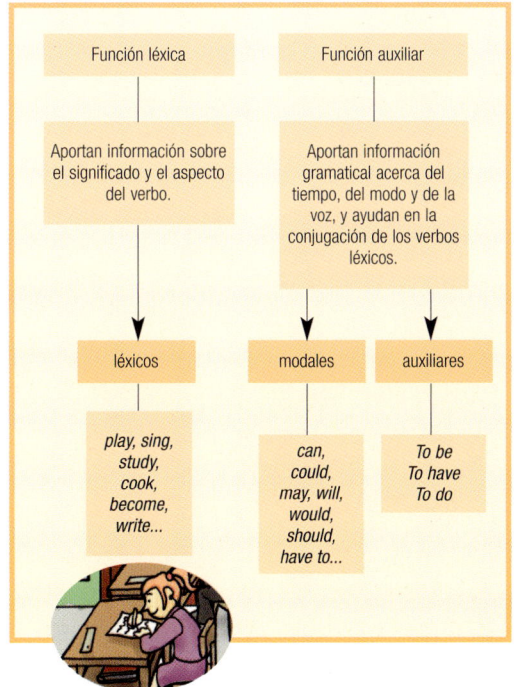

LA FORMA DE LOS VERBOS LÉXICOS

La forma verbal *cantaré* nos da información gramatical acerca de la persona, el número, el tiempo y el modo, entre otros rasgos. En cambio, *sing*, su equivalente en inglés, nos permite saber muy pocas cosas sobre las condiciones en las que se desarrolla la acción. Para poder transmitir el mismo significado, deberemos usar tres palabras: *I will sing*. En inglés, las formas de los verbos léxicos apenas tienen variación morfológica (¡sólo hay 5 variaciones!), por lo que la información acerca de quién realiza la acción o del tiempo en el que se realiza sólo puede obtenerse cuando el verbo está en el contexto oracional y aparece rodeado de *los subject pronouns* y de los verbos auxiliares o modales *(auxiliaries or modals)*. Como veis, las diferencias entre el inglés y el castellano se acentúan cuando entramos en los dominios del verbo.

La mayoría de las funciones que desempeñan los morfemas flexivos de los verbos en castellano, la desempeñan en inglés los verbos auxiliares y los modales.

En castellano esta chica diría *¡cantaré!* pero para poder transmitir el mismo significado, en inglés deberá usar tres palabras: *I will sing!*

MORFOLOGÍA DE LOS VERBOS LÉXICOS

Formas	Usos	Ejemplos
Base	Infinitivo *Present Simple* excepto la 3.ª persona del singular Imperativo	*He can **walk** and **run**.* *I usually **walk** to school but I sometimes **run**.* ***Walk** to school now!*
Base + −*s* / −*es*	3.ª persona singular del *Present Simple*	*She usually **walks** to school but she sometimes **runs**.*
Base + −*ed* o forma irregular	*Past Simple*	*We **walked** to school together.* *He **ran** to school because he **was** late.*
Base + −*ing*	Gerundio	*I am **walking** to school but she is **running**.*
Base + −*ed* o forma irregular	*Past Participle*	*She has not **walked** to school today, she has **run**.*

El verbo

TIPOS DE VERBOS SEGÚN CRITERIOS SEMÁNTICOS

Acción	Hacen referencia a acciones que podemos ver realizar a alguien. Son la mayoría de los verbos. **Pueden aparecer en todos los tiempos verbales**.		*Run, fly, say, begin, make, choose...*
Proceso o estado	Hacen referencia a estados, procesos o acciones que describen una situación. **No suelen aparecer en tiempos continuos**.	estados abstractos	*Need, cost, be, want, seem...*
		posesión	*Possess, belong, own...*
		emociones y sentimientos	*Fear, like, love, hate, envy...*
Mixtos	Tienen distintos significados. Si expresan estados o procesos, no suelen conjugarse en tiempos continuos; si expresan acciones, admiten todos los tiempos.		*Have, see, hear, smell, appear...*

I am smelling this roses. They smell very good!

This skirt costs £25.

VERBOS DE ACCIÓN, PROCESO O ESTADO Y MIXTOS

Verbos de acción	Tiempos continuos	*Look! The bird is flying.*
	Tiempos simples y perfectos	*In Winter, birds fly to warmer countries.*
Verbos de proceso o estado	Tiempos continuos	*This skirt is costing £25.*
	Tiempos simples y perfectos	*This skirt costs £25.*
Verbos mixtos si expresan acción	Tiempos continuos	*I am smelling this roses now.*
	Tiempos simples y perfectos	*I always smell roses before I buy them.*
Verbos mixtos si expresan estado	Tiempos continuos	*This roses are smelling very good.*
	Tiempos simples y perfectos	*This roses smell very good!*

TIPOS DE VERBOS SEGÚN CRITERIOS SINTÁCTICOS

Transitivos	Incorporan un complemento directo o/y indirecto. Si sólo admiten uno de los complementos, son monotransitivos. Si admiten ambos, son ditransitivos.	Laura *is throwing* <u>the ball</u>. Paul *gave* <u>the teacher the composition</u>.
Intransitivos	No admiten ni complemento directo ni indirecto. Sí admiten complementos circunstanciales.	Grandma *has arrived*! The children *were laughing* <u>in the playground</u>.
Copulativos	Unen al sujeto con el atributo. Pueden expresar una esencia o estado *(be, look, seem...)* o describir un proceso *(become, turn...)*.	Franka *is* <u>a nurse</u>. Christina *looks* <u>beautiful</u>. The milk *has gone* <u>bad</u>.

ALGUNOS VERBOS IRREGULARES

Infinitivo	*Past Simple*	*Past Participle*	*Infinitivo*	*Past Simple*
Be	Was/were	Been	Forgive	Forgave
Beat	Beat	Beaten	Get	Got
Become	Became	Become	Give	Gave
Begin	Began	Begun	Go	Went
Bend	Bent	Bent	Grow	Grew
Bet	Bet	Bet	Hang	Hung
Bite	Bit	Bitten	Have	Had
Bleed	Bled	Bled	Hear	Heard
Break	Broke	Broken	Hide	Hid
Bring	Brought	Brought	Hit	Hit
Build	Built	Built	Hold	Held
Burst	Burst	Burst	Hurt	Hurt
Buy	Bought	Bought	Keep	Kept
Catch	Caught	Caught	Know	Knew
Choose	Chose	Chosen	Leave	Left
Come	Came	Come	Lend	Lent
Cost	Cost	Cost	Let	Let
Cut	Cut	Cut	Lie	Lay
Do	Did	Done	Light	Lit
Draw	Drew	Drawn	Lose	Lost
Drink	Drank	Drunk	Make	Made
Drive	Drove	Driven	Mean	Meant
Eat	Ate	Eaten	Meet	Met
Fall	Fell	Fallen	Pay	Paid
Feel	Felt	Felt	Put	Put
Fight	Fought	Fought	Read	Read
Find	Found	Found	Ride	Rode
Fly	Flew	Flown	Ring	Rang
Forget	Forgot	Forgotten	Rise	Rose

CRITERIO MORFOLÓGICO: VERBOS REGULARES E IRREGULARES

A diferencia del castellano, el inglés no tiene tres conjugaciones con flexiones distintas, por lo que las diferencias entre los verbos desde el punto de vista morfológico son mucho menores. En inglés, los verbos pueden ser regulares o irregulares según sea el modo en el que formen el *Past Simple* y el *Past Participle* (participio). Los **verbos regulares añaden la terminación –*ed*** a su forma base (infinitivo) para construirlos. En cambio, los verbos irregulares no siguen este patrón y tienen formas distintas para el *Past Simple* y el *Past Participle* que deberéis aprender de memoria.

Grandma has arrived!

ALGUNOS VERBOS IRREGULARES

Past Participle	Infinitivo	Past Simple	Past Participle
Forgiven	Run	Ran	Run
Got	Say	Said	Said
Given	See	Saw	Seen
Gone	Sell	Sold	Sold
Grown	Send	Sent	Sent
Hung	Shake	Shook	Shaken
Had	Shine	Shone	Shone
Heard	Shoot	Shot	Shot
Hidden	Show	Showed	Shown
Hit	Shut	Shut	Shut
Held	Sing	Sang	Sung
Hurt	Sink	Sank	Sunk
Kept	Sit	Sat	Sat
Known	Sleep	Slept	Slept
Left	Speak	Spoke	Spoken
Lent	Spend	Spent	Spent
Let	Stand	Stood	Stood
Lain	Steal	Stole	Stolen
Lit	Swim	Swam	Swum
Lost	Take	Took	Taken
Made	Teach	Taught	Taught
Meant	Tear	Tore	Torn
Met	Tell	Told	Told
Paid	Think	Thought	Thought
Put	Throw	Threw	Thrown
Read	Wake	Woke	Woken
Ridden	Wear	Wore	Worn
Rung	Win	Won	Won
Risen	Write	Wrote	Written

VERBOS SIMPLES Y VERBOS COMPLEJOS

Según el criterio morfológico, los verbos también pueden clasificarse en simples (*single-word verbs*), complejos *(multi-word verbs)*. Los verbos simples se distinguen porque su valor semántico se deriva de una sola palabra y, aunque pueden llevar complementos con preposición, éstos no son imprescindibles para construir una oración correcta. En *Jeff **found** a ring on the floor*, el verbo *find* significa encontrar y podemos prescindir del complemento *on the floor* sin alterar este significado. En cambio, los verbos complejos tienen la particularidad de que su forma léxica está compuesta por un verbo simple y por una o varias preposiciones o adverbios, por lo que su significado y funcionamiento sintáctico depende de ambos elementos. En la oración *The teacher **found out** the secret*, el verbo es *find out* y significa descubrir. Si prescindimos de la partícula *out*, el significado de *find* variará.

Jeff **found** a ring on the floor.

¡No confundáis la denominación **verbo simple** o **complejo** con la denominación **tiempo simple** o **compuesto**, que hace referencia a si un tiempo verbal está formado sólo por un verbo léxico o por un auxiliar y un verbo léxico!

CARACTERÍSTICAS SINTÁCTICAS COMUNES DE LOS VERBOS COMPLEJOS

En los tres tipos de verbos complejos, el verbo y las preposiciones constituyen una unidad sintáctica que funciona cohesionada, a diferencia de lo que sucede con las preposiciones que son núcleo de un sintagma preposicional. En la oración *Did the teacher **find out** the secret?*, el verbo *find* se mantiene unido a la preposición *out*, que es imprescindible para el verbo pero que no tiene una relación estrecha con *the secret*. En cambio, en *Did Jeff **find** a ring **on the floor**?*, la preposición *on* aparece junto al sintagma nominal *the floor*, con quien tiene una relación más estrecha que con el verbo *find*, para formar un complemento preposicional.

VALOR SEMÁNTICO DE LOS VERBOS COMPLEJOS

Los verbos complejos, que se dividen en **verbos preposicionales**, *Phrasal Verbs* y **verbos mixtos**, tienen en común que su significado lo dan el verbo léxico junto con las preposiciones o adverbios a los que van unidos. Sin embargo, hay verbos cuyo significado se deriva del significado literal que tienen los elementos que lo forman por separado (*break up* > romper, dejar una relación), y otros verbos cuyo significado no es deducible de este modo (*turn down* > rechazar).

El verbo

DIFERENCIAS ENTRE VERBOS COMPLEJOS

La diferencia entre los tres tipos de verbos complejos es básicamente sintáctica. El verbo y la preposición tienen una relación muy estrecha en todos los tipos de verbos complejos. Sin embargo, cuando los verbos complejos son transitivos y tienen un complemento, su posición respecto de los elementos que forman el verbo complejo es distinta según si se trata de un verbo preposicional, un *Phrasal Verb* o un verbo mixto. Además, los verbos preposicionales son siempre transitivos (llevan objeto), pero los *Phrasal Verbs* pueden ser transitivos o intransitivos (sin objeto).

POSICIÓN DEL COMPLEMENTO

	Si el complemento es…	Puede aparecer…
Verbos preposicionales (formados por un verbo léxico y una preposición)	…un sustantivo	…sólo detrás de la preposición. I **care for** <u>my grandmother</u>. <s>I care my grandmother for.</s>
	…un pronombre	…sólo detrás de la preposición. I **care for** <u>her</u>. <s>I care her for.</s>
Phrasal Verbs (formados por un verbo léxico y una preposición)	…un sustantivo	…delante o detrás de la preposición. Tim **turned** <u>the light</u> **off**. Tim **turned off** <u>the light</u>.
	…un pronombre	…sólo delante de la preposición. Tim **turned** <u>it</u> **off**. <s>Tim **turned off** <u>it</u>.</s>
Verbos mixtos (formados por un verbo léxico y dos partículas)	…un sustantivo	…sólo detrás de las partículas. We **are looking** forward to <u>the trip</u>. <s>We **are looking** <u>the trip</u> **forward to**.</s>
	…un pronombre	…sólo detrás de las partículas. We **are looking forward to** <u>it</u>. <s>We **are looking** <u>it</u> **forward to**.</s>

Verbos complejos

verb + preposition

Verbos simples

verb   preposition + noun phrase

A simple vista resulta difícil distinguir qué verbos son *Phrasal Verbs*, qué verbos son **preposicionales** y qué verbos son **mixtos**, así que la mejor manera es aprender algunos de ellos de memoria.

ALGUNOS VERBOS CON PREPOSICIÓN

TO

Talk to (someone)	Hablar a/con alguien.	Who were you **talking to**?
Write to (someone)	Escribir a alguien.	Who is she **writing to**?
Listen to (someone; something)	Escuchar algo, a alguien.	This is the music you have to **listen to**.

FOR

Pay for (something)	Pagar algo.	Have you **paid for** the drinks?
Apply for (something)	Solicitar algo.	I want to **apply for** this scholarship.
Hope/long for (something; someone)	Esperar, desear algo.	We have to **hope for** peace.
Thank (somebody) for (something)	Agradecer a alguien por algo.	I would like to **thank** you **for** your help.
Ask (someone) for (something) Ask for (someone)	Pedir algo; preguntar por alguien.	Have you **asked** the teacher **for** the ball? I **asked for** Paul but he is not home.
Look for (something; someone)	Buscar algo, a alguien.	I am **looking for** my cat. I haven't seen her today…

ON

Agree on (something)	Estar de acuerdo; acordar algo.	We **agreed on** going to the cinema.
Concentrate on (something)	Concentrarse en algo.	I cannot **concentrate on** my homework when I'm tired.
Depend on (something)	Depender de algo.	-Do you like music? -Well, it **depends on** the type of music.

AT, ABOUT, AFTER, WITH

Look at (someone; something)	Mirar algo, a alguien.	**Look at** her! She is dancing beautifully.
Talk/Read/Write about (something)	Hablar/leer/escribir de/sobre algo.	She is **writing about** her life. What are you **talking about**?
Look after (someone)	Cuidar de alguien.	I **look after** my sister when my father is not home.
Deal with (something)	Tratar de algo.	The article **deals with** the differences between poor and rich countries.

El verbo

ALGUNOS *PHRASAL VERBS*

Back up (someone)	Dar ánimos a alguien.	He is going through hard times so we have to **back** him **up**.
Bring up (someone)	Criar, educar a alguien.	Children are **brought up** by their parents.
Find out (something)	Descubrir algo.	How did you **find out** about the situation?
Give up (something)	Dejar algo; rendirse.	You cannot **give up** now. You have nearly finished.
Hold on	Esperar.	-Can I speak to Ann, please? -**Hold on,** I'll put you through.
Make up (something)	Inventar algo.	He **made up** a nice story for the kids.
Turn off/on (something)	Encender/ apagar algo (eléctrico).	**Turn off** the computer before you go to bed.
Pick up (something; someone)	Coger el teléfono; recoger algo, a alguien.	He **picked up** the phone to call her. My Dad **picks** me **up** at five pm.

The thieves cannot *get away with* the robbery. The police will find them.

En muchas oraciones interrogativas y en algunas oraciones subordinadas, el verbo léxico aparece al final. No os olvidéis de la preposición de los verbos complejos en este tipo de oraciones (What **are** you **looking at**?; I don't know what he **was looking for**).

ALGUNOS VERBOS MIXTOS

Get away with (something)	Salir impune de una situación.	The thieves cannot **get away with** the robbery. The police will find them.
Look forward to (something)	Tener ganas de algo.	-Are you **looking forward** to her visit? -Of course, I miss her!
Look down on (someone)	Menospreciar a alguien.	Your friends will **look down on** you if you lie.
Get on with (something; someone)	Sobrellevar una situación; llevarse (bien o mal) con alguien.	-How do you **get on with** your sister? -Great! We enjoy playing together.
Put up with (something; someone)	Soportar algo, a alguien.	You should not **put up with** rude manners.

LOS VERBOS CON FUNCIÓN AUXILIAR - AUXILIARY AND MODAL VERBS

La importancia de los verbos con función auxiliar en inglés es tal que merecen que les dediquemos un apartado. Los verbos léxicos tienen una función principalmente semántica que les convierte en los verbos principales, pero dependen de los verbos con función auxiliar para constituir formas verbales completas que puedan operar en todos los tipos de oraciones. Los verbos con función auxiliar aportan la mayoría de rasgos gramaticales para conjugar los tiempos verbales de los verbos léxicos y para transmitir información de modo, aspecto, tiempo y voz. En inglés hay pocos tiempos verbales, por lo que sin los verbos con función auxiliar, ya sean verbos **auxiliares** o verbos **modales**, no podríamos expresar toda la información acerca de cómo se desarrolla una acción.

PROPIEDADES DE AUXILIARES Y MODALES

Aportan información de modo, aspecto, tiempo y voz.	We **have been** decorating our room. America **was** discovered by Columbus. I **would** go if I knew the way.
Añaden **not** o **n't** para construir oraciones negativas.	I **have not** seen him today. She **doesn't** like cheese. They **shouldn't** go out in the rain.
Se anteponen al sujeto para construir interrogaciones.	**Are** you watching TV? **Have** you tried this sauce? **Can** she come to the cinema?
Permiten elidir el verbo principal al que están unidos si éste se sobreentiende en la oración.	Candy never wears shirts, but Tim **does** (wear shirts). -Have you ever visited Rome? -No, I **haven't** (visited Rome). Jeff can surf, but Imran **can't** (surf).

LOS VERBOS AUXILIARES

Los verbos auxiliares en inglés son *To Be*, *To Do* y *To Have*. Independientemente de su función como auxiliares de otros verbos, *be*, *do* y *have* también pueden ser verbos léxicos con una función principal y un significado propio *(Imran is happy; Jeff does his homework after school; Lauren has a red hat)*. En inglés, todos los tiempos verbales que tienen una forma compuesta se conjugan siempre con un auxiliar *(Present Continuous, Present Perfect Simple y Continuous, Past Continuous, Past Perfect Simple y Continuous...)*. En cambio, los tiempos simples *(Present Simple, Past Simple)* sólo necesitan de un auxiliar cuando aparecen en oraciones negativas e interrogativas. Si el tiempo verbal lo permite, el verbo auxiliar es el que lleva la información de persona y número (por ejemplo, de la 3.ª persona del singular del *Present Simple: She play**s** tennis > Do**es** she play tennis?*).

EL AUXILIAR *TO BE*

El auxiliar **be** tiene dos usos distintos: puede aportar información sobre el aspecto imperfectivo de un tiempo verbal (la acción descrita por el verbo es interpretada por el hablante como en proceso, independientemente de si el tiempo es presente, pasado o futuro) y puede conjugar verbos en voz pasiva.

Las formas contractas pueden emplearse tanto con sujetos pronominales *(She's not coming tonight)* como nominales *(Karen's not coming tonight)*.

PRESENTE DEL VERBO *TO BE*

Forma completa	Contracción sujeto-auxiliar	Contracción auxiliar-negación
I **am** (not)	I**'m** (not)	-
You **are** (not)	You**'re** (not)	You **aren't**
She **is** (not) He **is** (not) It **is** (not)	She**'s** (not) He**'s** (not) It**'s** (not)	She **isn't** He **isn't** It **isn't**
We **are** (not)	We**'re** (not)	We **aren't**
You **are** (not)	You**'re** (not)	You **aren't**
They **are** (not)	They**'re** (not)	They **aren't**

No confundáis el uso de **there is** a *concert* y **there are** *many people*, equivalente a la forma impersonal del verbo *haber* castellano (**hay** un concierto; **hay** mucha gente), con el del verbo *To Be* en su valor auxiliar o léxico (equivalente a los verbos *ser* y *estar* castellanos).

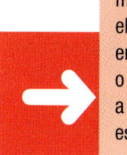

PASADO DEL VERBO *TO BE*

Forma completa	Contracción auxiliar-negación
I **was** (not)	I **wasn't**
You **were** (not)	You **weren't**
She **was** (not) He **was** (not) It **was** (not)	She **wasn't** He **wasn't** It **wasn't**
We **were** (not)	We **weren't**
You **were** (not)	You **weren't**
They **were** (not)	They **weren't**

EL AUXILIAR *TO DO*

El auxiliar **do** se emplea para construir oraciones interrogativas y negativas en los tiempos simples (*Present Simple; Past Simple*), aunque su función es puramente sintáctica.
La forma del presente sólo varía para la 3.ª persona del singular, como veis en el recuadro, y la forma del pasado es igual para todas las personas: **did** (*did not; didn't*). El verbo **To Do** también puede aparecer como verbo léxico con el significado de realizar o hacer.

PRESENTE DEL VERBO *TO DO*

Forma completa	Contracción auxiliar-negación
I **do** (not)	I **don't**
You **do** (not)	You **don't**
She **does** (not)	She **doesn't**
He **does** (not)	He **doesn't**
It **does** (not)	It **doesn't**
We **do** (not)	We **don't**
You **do** (not)	You **don't**
They **do** (not)	They **don't**

El auxiliar **to do** no aparece en oraciones afirmativas. Sin embargo, podemos usarlo de manera excepcional en estas oraciones para enfatizar el significado del verbo léxico.

EL AUXILIAR *TO HAVE*

El verbo auxiliar **have** se utiliza para aportar información sobre el aspecto de un tiempo verbal. La acción descrita por el verbo puede haber acabado en el pasado o puede haber empezado en el pasado y continuar en el presente. Sin embargo, aunque la acción haya sucedido en el pasado, el uso de **have** como auxiliar implica que la acción tiene consecuencias directas sobre el presente (*Jill* **has** *broken her leg* implica que la pierna todavía está rota aunque la acción de rompérsela sucediese en el pasado), o que sucedió con anterioridad a otra acción o momento del pasado (*Jill* **had** *fallen off the ladder before we arrived*). En presente, su forma varía en la 3.ª persona del singular *(have-has)* pero, en pasado, es la misma para todas las personas *(**had** [not]; **hadn't**)*.

Caryl has had the best marks in the class. She **must have** *studied hard!*

El verbo *Have* se emplea para construir el *Perfect Infinitive*, que podemos utilizar detrás de los verbos modales.

El verbo

PRESENTE DEL VERBO *TO HAVE*

Forma completa	Contracción auxiliar-negación
I **have** (not)	I **haven't**
You **have** (not)	You **haven't**
She **has** (not) He **has** (not) It **has** (not)	She **hasn't** He **hasn't** It **hasn't**
We **have** (not)	We **haven't**
You **have** (not)	You **haven't**
They **have** (not)	They **haven't**

El verbo **have** puede funcionar como modal para expresar obligación o necesidad cuando va seguido de la preposición **to** (*You **have to** come to our dinner party next Friday!*).

Have you got a handkerchief for me, please?

HAVE Y HAVE GOT

El verbo **have** con **función léxica** denota posesión o tenencia de algo. Como verbo léxico, el verbo *have* se conjuga con el auxiliar correspondiente para cada tiempo verbal (***Does** she **have** a rubber?;* ***Have** you **had** a nice holiday?;* ***Did** you **have** a pet as a child?...*). Para expresar el significado de **posesión en presente** también podemos utilizar la forma **have got** (*I have got, you haven't got, she has got, he hasn't got...*). En este caso, *have* funciona como auxiliar, por lo que tendremos que decir *Has she got a rubber?* o *Have you got a handkerchief for me, please?* en lugar de *Does she have got a rubber?* o *Do you have got a handkerchief for me, please?*

LOS VERBOS MODALES

Como su nombre indica, los verbos modales ofrecen información sobre el modo en el que se desarrolla la acción expresada por el verbo léxico al que acompañan, y permiten dar a entender la idea o intención con la que ésta se realiza. Si los verbos léxicos fueran actores, los verbos modales serían como una máscara que éstos se colocarían para expresar obligación, necesidad, consejo, habilidad, permiso, posibilidad, expectativas, etc. Los verbos modales en inglés son *can*, *could*, *may*, *might*, *shall*, *should*, *have to*, *need to*, *will*, *would*, *must* y *ought to*.

A diferencia de los verbos auxiliares *be*, *do* y *have*, los modales no pueden aparecer como verbos principales con función léxica.

USOS DE LOS VERBOS MODALES

Los modales pueden…	¿Cómo?
…influir en el hablante	dando permiso, dando consejo, mostrando una obligación o deber, prohibiendo, pidiendo
…especular acerca de una situación	expresando una intuición, suposición, sospecha o creencia firme
…hablar sobre hechos reales	expresando una habilidad o un hábito

Would you like some tea, dear?

Los verbos modales nos permiten dar distintos matices a las oraciones. Gracias a ellos podemos mostrar nuestras intenciones y hacer peticiones, ofrecimientos o sugerencias con distintos grados de cortesía y formalidad.

Puesto que en los pronombres personales ingleses no hay forma de respeto (*you* > tú-usted), los verbos modales nos permiten expresar esta distinción en el grado de formalidad.

CARACTERÍSTICAS FORMALES DE LOS MODALES

Carecen de **variación morfológica** (no añaden –s para la 3.ª persona singular del presente, ni –ing, ni –ed…).

Necesitan que el verbo al que modifican esté en **infinitivo** (She swims > She can swim).

Cuando aparecen en una **oración interrogativa**, son los modales los que invierten su posición con la del sujeto aunque haya otros auxiliares (Does she know how to swim? > **Can she** swim?).

Cuando aparecen en una **oración negativa**, son los modales los que se contraen con la forma de negación not aunque haya otros auxiliares (She **can't have forgotten** about my birthday, can she?).

MODALES EN CONTEXTO

I am going on holiday in two days but I haven't packed yet. I think I **should** pack now because I **may** not have time tomorrow. The weather in England **can** be very changing so, what **should** I take with me? I **could** take both winter and summer clothes but my bag **will** be too heavy. My brother was there last summer and he said it was very cold but, actually, it **can't** be that cold! There **must** be sunny days, too. What I **should** do then is take a couple of warm sweaters and some Spring clothes. And if it gets really cold, I **can** always buy a warmer sweater! It **may** also rain often so I **must** remember to take my umbrella with me, too!

CAN, COULD, CAN'T, CANNOT, COULDN'T

Los modales *can* y *could* se emplean para distintas situaciones. Pueden indicar que alguien tiene la habilidad o la capacidad de hacer algo. En este caso, *can* se usa para el presente y *could* puede usarse para el pasado (*She can ride horses* > Sabe montar a caballo; *She could ride horses when she was younger* > Sabía montar a caballo cuando era joven). También pueden emplearse para expresar permisión (*Can I go out with my friends?* > ¿Me das permiso para salir con mis amigos?; *When I was 12, I couldn't go out on my own* > Cuando tenía 12 años no me dejaban salir solo). La forma negativa de ambos modales *(can't/cannot; couldn't)* se puede usar para expresar un alto grado de probabilidad o certeza (*They can't fail the exam. They have studied for weeks!* > No es posible que suspendan el examen. Han estudiado durante semanas! *They couldn't have known because we hadn't told them* > No podían saberlo porque no se lo habíamos dicho). Asimismo, empleamos *could* para insinuar que algo es ligeramente posible (*She could become a photographer if she really tried* > Podría llegar a ser fotógrafa si lo intentara). Finalmente, también podemos usar *can* o *could* para pedir algo. En este caso, *can* se usa en registros familiares y *could*, para indicar cortesía (*Can I have some water, please?* > ¿Me puedes dar agua, por favor?; *Could you show me your ticket, please?* > ¿Me podría enseñar su billete, por favor?).

Aunque *could* puede emplearse como el pasado de *can*, esta relación no es siempre cierta. Como hemos visto, *could* tiene otros usos.

She could ride horses when she was younger.

El negativo de *can* puede ser **can't** (forma abreviada) o **cannot**, pero *can not separado no es posible.

MUST, MUSTN'T, OUGHT TO

Los modales **must** y **ought to** se emplean en oraciones afirmativas para expresar un alto grado de obligación en el presente (*You must tidy your room if you want to go out!* > ¡Tienes que ordenar la habitación si quieres salir!). Para expresar una obligación en el pasado o en el futuro, empleamos la forma correspondiente de **have to** (had to, will have to…), ya que *must* tiene un valor presente (*Yesterday I had to be back home for dinner* > Ayer tuve que volver a casa para cenar). *Must* y *ought to* en afirmativo también pueden expresar un alto grado de necesidad de que algo sea cierto (*She must/ought to know the way. She was born here!* > Seguro que sabe el camino. ¡Nació aquí!). Finalmente, utilizamos *must* en negativo (**must not, mustn't**) cuando queremos expresar una prohibición o que algo no está permitido (*You mustn't throw stones at the window* > No podéis tirar piedras a la ventana).

USOS DE *CAN, COULD, CAN'T, CANNOT, COULDN'T*

Usos	Particularidad	Formas
Expresar una habilidad / capacidad o su falta.	Presente	*can, can't, cannot*
	Pasado	*could (not), couldn't*
Expresar permisión o prohibición.	En presente o registro familiar	*can, can't, cannot*
	En pasado o registro formal	*could (not), couldn't*
Expresar certeza de que algo no es posible.	En presente	*can't*
	En pasado	*can't, couldn't*
Insinuar que algo es ligeramente posible.	Cualquier tiempo	*could*
Pedir algo.	Registro familiar	*can*
	Registro formal	*could*

LOS VERBOS CON FUNCIÓN AUXILIAR - AUXILIARY AND MODAL VERBS

USOS DE *MUST, MUSTN'T, OUGHT TO*

Usos	Particularidad	Formas
Expresar obligación	Se emplea en presente. Para otros tiempos usamos *have to*	*must, ought to*
Expresar que algo es necesariamente lógico	Para expresar lo contrario, empleamos *cannot*	*must (not), mustn't*
Expresar prohibición	Uso similar a *cannot* y *may not*	*must (not), mustn't*

May I come in, please?

Cuando estos modales están en negativo, la forma contracta no suele emplearse *(He mayn't come; It mightn't rain)*. Es preferible usar la forma separada *(He **may not** come; It **might not** rain)*.

MAY, MAY NOT, MIGHT NOT

Utilizamos *may* o *might* para expresar que algo es relativamente posible o que existe un cierto grado de duda acerca de la realización de una acción *(He **may come** to spend the weekend with us)*. También puede expresar que se duda de la veracidad de un estado *(If you buy a lottery ticket, you **might be lucky** and win!)*. Cuando *may* y *might* tienen estos significados, la diferencia entre uno y otro es casi inexistente. *May* también se puede emplear para pedir o dar permiso en un registro formal *(May I come in, please?* > ¿Puedo pasar, por favor?). Recuerda que *can* también pueden tener este uso pero en un registro familiar.

USOS DE *MAY, MAY NOT, MIGHT NOT*

Usos	Particularidad	Formas
Expresar que algo es o no posible o añadir un toque de duda	Es equivalente a la locución "*it is possible that*"	*may, may not, might*
Dar o pedir permiso	Registro formal	*may*

El verbo

SHALL, SHALL NOT

El modal **shall** se emplea normalmente para expresar una voluntad de hacer algo (*I shall get the parcel for you* > Yo recogeré el paquete por ti). También puede usarse en la primera persona del singular y del plural para preguntar si es conveniente hacer algo (*Shall I come in or is it better that I wait outside?* > ¿Puedo pasar o es mejor que espere fuera?). Aunque en general podemos sustituir *shall* por *will*, *shall* transmite un grado de voluntad que *will* no puede transmitir. También podemos expresar perplejidad o indecisión con *shall* (*How shall we do this project?* > ¿Cómo vamos a hacer este proyecto?).

El uso de *shall* es cada vez menos frecuente, especialmente fuera del Reino Unido.

*The street **may/might** be blocked.*

SHOULD, SHOULDN'T

Si queréis dar consejo a alguien, *should* es el modal que deberéis emplear. En efecto, el uso de *should* implica una sugerencia o una recomendación (*The doctor said I should stay in bed and I shouldn't go to school* > El médico dijo que tenía que quedarme en cama y no ir al colegio). *Should* permite decir que hacer algo es correcto o adecuado (*We should all brush our teeth after every meal* > Tenemos que lavarnos los dientes después de cada comida) o incorrecto o inadecuado (*They shouldn't complain about the food* > No deberían quejarse de la comida).

Can también puede expresar posibilidad de que algo sea cierto pero no en un sentido hipotético sino real: se puede bloquear la carretera (poniendo un obstáculo en el camino). En cambio, *may/might* expresan posibilidad en un sentido especulativo: es posible que la carretera esté bloqueada (ya que los coches no avanzan).

*The street **can** be blocked.*

USOS DE *SHOULD, SHOULDN'T*

Usos	Particularidad	Formas
Sugerir o recomendar algo, pedir consejo sobre algo	Puede aparecer detrás de *Do you think I...* ? o *I (don't) think you...*	should
Sugerir que algo es inadecuado o incorrecto	Puede aparecer detrás de *Do you think I...* ? o *I think you...*	should not, shouldn't

WOULD, WOULD NOT, WOULDN'T

Empleamos *would* para expresar que una acción sucedía regularmente en el pasado (*When my brother was a baby, he would cry every night!* > Cuando mi hermano era un bebé, solía llorar cada noche). Cuando empleamos *wouldn't* en el pasado, también puede implicar poca predisposición o aversión hacia algo (*I told him the truth but he wouldn't believe me* > Le dije la verdad pero no quiso/quería creerme). *Would* y *wouldn't* también pueden indicar que algo es probable o cierto (*We wouldn't have fun without you* > No lo pasaríamos bien sin ti). En presente, *would* puede usarse para ordenar o pedir a alguien que haga algo en un registro ligeramente formal (*Would you stop the noise, please?* > ¿Podrías dejar de hacer ruido, por favor?). Finalmente, usamos **would like** para ofrecer o pedir algo en un registro formal (*Would you like some wine? Yes, please* > ¿Querría usted vino? Sí, por favor).

Si queremos recomendar algo con mucho énfasis, podemos usar **must** en vez de **should**.

USOS DE *WOULD, WOULD NOT, WOULDN'T*

Usos	Formas
Indicar regularidad en el pasado	would, wouldn't
Indicar poca predisposición en el pasado	wouldn't
Indicar probabilidad o certeza	would, wouldn't
Ordenar o sugerir firmemente que alguien haga algo	would
Ofrecer o pedir algo en un registro formal	would like

WILL, WON'T

El modal **will** nos permite hablar de acciones futuras con distintos matices. *Will* nos permite expresar una voluntad por hacer algo en el futuro (*I will help you with the homework* > Te ayudaré con los deberes), indicar que acabamos de decidir algo (*I'm a bit bored. I think I will go for a walk* > Me estoy aburriendo. Creo que iré a dar un paseo) o hacer predicciones acerca de lo que puede suceder (*If there is a traffic jam, they will be late* > Llegarán tarde si hay caravana). Sin embargo, éste no es su único uso. Podemos emplear *will* para expresar un comportamiento reiterado (*She will spend hours in front of her computer* > Se pasa horas delante del ordenador). El negativo *won't* puede expresar falta de voluntad (*I won't help you* > No te ayudaré), o que una acción no se realizará (*She won't take the car to the mechanic because she is too busy* > No llevará el coche al mecánico porque está muy ocupada).

*They told us **they'd play** with us and I hope **they will**!*

*We **wouldn't have** fun without you!*

Podemos contraer *will* y *would* con el pronombre personal sujeto *(**We'll visit** them when we are in L.A.; They told us they'd play with us)*. Si el verbo principal está elidido, esta contracción no es posible.

Infinitivo y gerundio - The infinitive and the -ing form

Estas dos formas no personales del verbo, infinitivo y gerundio, tienen una relevancia especial en inglés y a menudo ejercen funciones nominales. Por este motivo, es muy frecuente encontrar oraciones en las que un verbo precede a otro verbo en infinitivo o gerundio. Esto pasa, por ejemplo, cuando hablamos sobre nuestra actitud frente a una acción. En este caso, el primer verbo describe la actitud y el segundo se refiere a la acción.

I don't like to go shopping on Saturdays.

¿INFINITIVO O GERUNDIO?

En inglés hay dos tipos de sustantivos verbales: el infinitivo, acompañado o no de la preposición **to**, y el gerundio, que se forma añadiendo la terminación **–ing** al infinitivo de un verbo. La mayoría de los verbos pueden ir seguidos de un infinitivo o de un gerundio, pero no de ambos a la vez. Sin embargo, existen determinados verbos que pueden ir seguidos de uno u otro indistintamente, con matices distintos en el significado. Podemos dividir los verbos en tres grupos según si pueden ir seguidos de un infinitivo *(I want to travel)*, de un gerundio *(I enjoy travelling)* o de ambos *(I like to go shopping on Saturdays / I like swimming)*.

I enjoy playing cards.

I want to travel all over the world.

USO DEL INFINITIVO

Aunque a menudo pasen inadvertidos, los infinitivos tienen una gran importancia porque nos permiten construir grupos verbales y articular estructuras oracionales. Además de aparecer necesariamente detrás del auxiliar *do* y de los verbos modales para formar grupos verbales, pueden adoptar un valor nominal que les permite aparecer en posición de sujeto, de complemento del nombre, de complemento del verbo y de complemento del adjetivo. Si bien su forma más común es la del infinitivo presente, con o sin la preposición *to*, el infinitivo también puede ser compuesto.

Excuse me, could you please tell me how to get to the nearest Post Office?

FORMAS DEL INFINITIVO

Infinitivo presente **Present Infinitive**	Could you please tell me how **to get** to the nearest Post Office?
Infinitivo perfecto **Perfect Infinitive**	Both candidates were very talented so the jury must **have had** a hard time.
Infinitivo continuo **Progressive Infinitive**	You should **be working** if you want to be done by tonight.
Infinitivo pasivo **Passive Infinitive**	The flat has **to be tidied** before the guests arrive.
Negación del infinitivo **Negative Infinitive**	She asked me **not to tell** anyone about her secret.

USOS DEL *BARE INFINITIVE*

Detrás del auxiliar **do** en el *Present* y el *Past Simple*	**Did** the plane **take off** on time? Caryl **doesn't take** sugar with her coffee.
Detrás de **modales**	He **may forgive** you if you apologize. If you don't have enough money I **will lend** you some.
Detrás de los verbos **make** y **let** en la estructura verbo + objeto + infinitivo	The teacher **made** the kids **finish** their meal. **Let** me **help** you with your bags.

INFINITIVO Y GERUNDIO - THE INFINITIVE AND THE -ING FORM

USOS DEL *TO-INFINITIVE*

Con valor nominal en posición de **sujeto** y en estructuras copulativas con *It* como sujeto preparatorio	**To help** you was a pleasure. It was a pleasure **to help** you.
En posición de **objeto del verbo principal** (véase lista de verbos)	I forgot **to finish** my homework. She is learning **to drive**.
Como **complemento del adjetivo**	They were happy **to work** together. I was afraid **to fly** alone.
Detrás de las **wh- words** (what, how, where…)	Paul didn't know where **to go**. Cindy told me how **to do** the exercise.
Detrás de **the first, the second, the last**, entre otros	The Americans were the first **to travel** to the Moon. Lucy was the last **to leave** the party.
Detrás de verbos que se refieren a **intenciones futuras**	I intend **to deal** with the situation this morning. I hope **to see** you at the party!

La lista completa de verbos que pueden ir seguidos de infinitivo es muy extensa. Aunque muchos de ellos mantienen la estructura **verbo + *(to)* + infinitivo**, otros aparecen con la estructura **verbo + objeto + *(to)* + infinitivo**. Si tenéis dudas, consultad cada caso específico en un buen diccionario de inglés.

*He **begged** her **to stay** but she left.*

El verbo 117

ALGUNOS VERBOS SEGUIDOS DE *TO-INFINITIVE*

afford, agree, arrange, ask, beg, begin, choose, decide, expect, fail, forget, hate, hesitate, hope, intend, learn, like, love, manage, mean, offer, prefer, plan, promise, start, refuse, regret, remember, seem, swear, threaten, try, want, wish

He **begged** her **to stay** but she left.

I **promise to study** for the exam.

Judy **forgot to post** the letter.

Jessica **didn't mean to hurt** you.

Remember to take your umbrella with you!

The Americans were **the first to travel** to the Moon.

OTROS USOS DEL INFINITIVO

Además de los usos que hemos visto, podemos encontrar el infinitivo con **to** para expresar el propósito que nos lleva a hacer algo (I am studying to improve my level of English) o el motivo por el que algo existe o sucede (This picture is to decorate the wall). De ahí que lo podamos utilizar en vez de **because** para responder a preguntas que empiezan con **Why** (Why did you stop working? To spend more time with my children).

USOS DEL GERUNDIO

La forma **verbo + –ing**, conocida en castellano como gerundio, tiene tres funciones básicas en la lengua inglesa. Como forma verbal, se emplea para conjugar todos los **tiempos continuos** (He is smoking a cigar).

El gerundio puede adoptar un valor nominal y desempeñar las funciones propias de **un sustantivo** (Smoking causes lung cancer). También podemos emplear la forma verbo + –ing **como un adjetivo** para calificar a un sustantivo (There is a smoking cigarette in the ashtray).

FORMAS DEL GERUNDIO

Present –ing form	I feel like **eating** some popcorn.
Perfect –ing form	**Having waited** for three hours, Mr. Gamble left the office.
Passive –ing form	Most actors and actresses love **being admired**.
Negative –ing form	**Not knowing** what to say, John decided to keep his mouth shut.

USOS DEL GERUNDIO

Detrás de verbos que expresan **aficiones o aversiones**	Richard <u>likes</u> **watching** TV after lunch. Jenny <u>doesn't mind</u> **taking** the car.
Detrás de **preposiciones**	He is good <u>at</u> **dancing**. Are you interested <u>in</u> **visiting** the MOMA?
Detrás de algunas **expresiones**	<u>It's no use</u> **crying** over spilt milk. I <u>couldn't help</u> **falling** in love with her.

VERBOS CON GERUNDIO

admit	avoid	carry on
consider	delay	deny
dislike	enjoy	finish
give up	imagine	involve
keep (on)	mention	mind
miss	practise	resist
regret	risk	suggest

The snow prevented the children from going to school.

ALGUNOS VERBOS SEGUIDOS DE PREPOSICIÓN Y GERUNDIO

accuse somebody of doing something	agree with doing something
apologize for doing something	believe in doing something
blame somebody for doing something	complain about doing something
concentrate on doing something	cope with doing something
depend on doing something	dream about/of doing something
feel like doing something	get used to doing something
insist on doing something	look forward to doing something
prevent somebody from doing something	succeed in doing something
stop somebody from doing something	talk about doing something
think of doing something	worry about doing something

El verbo

PREPOSICIONES CON GERUNDIO

El uso de las preposiciones en inglés es muy frecuente ya que éstas son imprescindibles detrás de ciertos sustantivos, adjetivos y verbos. Para emplearlas correctamente, no sólo debéis aprender qué preposiciones rigen qué palabras; también tenéis que tomar en cuenta que muchas de las combinaciones de sustantivos, adjetivos o verbos con preposición han de ir seguidas de otro sustantivo o de un gerundio con valor nominal.

ALGUNOS SUSTANTIVOS SEGUIDOS DE PREPOSICIÓN Y GERUNDIO

the advantage of doing	the choice between doing	the danger of doing
the difficulty in doing	the idea of doing	the interest in doing
the opportunity of doing	the possibility of doing	the problem of doing
the reason for doing	the risk of doing	the way of doing

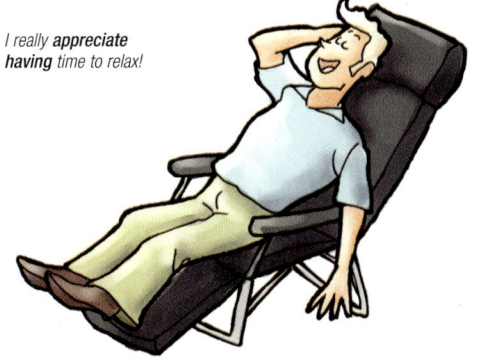

*I really **appreciate having** time to relax!*

ALGUNAS EXPRESIONES CON GERUNDIO

It's no use...	It's no use trying to explain it to her because she never listens.
There is no point in...	There is no point in listening to music you don't like.
Can't help...	They can't help argueing whenever they see each other.
It's (not) worth...	Was it worth going to the cinema?
How about...?; What about...?	How about visiting an exhibition tomorrow?
Spend one's time...	Florian spent his days looking for an apartment.

OTROS USOS DEL GERUNDIO

Como veis, el uso del gerundio está muy extendido. Además de los casos que hemos abordado, utilizamos el gerundio después de los verbos **need, require** y **want** cuando tienen sentido pasivo *(Your hair needs cutting)*. También lo empleamos cuando el complemento del verbo es una persona y el gerundio nos aporta información acerca de ella *(I can't imagine George riding a bicycle)*. Finalmente, usaremos el gerundio con función de sustantivo después de palabras como **as, like, than, any, some, no, good, use** *(Why don't you do something useful, like cleaning your room?; I'd like to do some sightseeing when I visit Berlin)*.

VERBOS CON INFINITIVO Y GERUNDIO

Las confusiones con el uso de infinitivos y gerundios no sólo se dan porque hay ocasiones en las que únicamente podemos emplear unos u otros, sino también porque hay casos en los que la utilización de ambas formas es correcta, especialmente detrás de ciertos verbos. Algunos de estos verbos adoptan una connotación distinta según sea la forma que les siga. En cambio, otros pueden ir seguidos tanto de gerundio como de infinitivo sin que su significado se vea alterado.

Remember to drive carefully!

I remember spending the nicest Summer of my life with you.

El verbo

VERBOS SEGUIDOS DE INFINITIVO Y GERUNDIO

Begin Continue Prefer Start	Van seguidos de gerundio o infinitivo indistintamente. *Jim prefers to stay home when it is raining outside.* *Jim prefers staying home when it is raining outside.*
Remember Forget	Van seguidos de gerundio cuando queremos referirnos a acciones que han pasado. En infinitivo indican que la acción todavía no ha sucedido. *Remember to ring me when you arrive.* *I don't remember closing the door.*
Allow Advise Encourage Forbid Permit	Cuando estos verbos llevan objeto indirecto, deben ir seguidos de infinitivo. Cuando omitimos el objeto indirecto, usaremos el gerundio. *They don't allow singing in the library.* *They don't allow people to sing in the library.*

Aunque tanto infinitivo como gerundio pueden aparecer con valor nominal, solemos dar preferencia al uso del gerundio en lugar del infinitivo como sujeto de una oración.

See Watch Hear	El uso del gerundio detrás de estos verbos sugiere que se está observando una acción en proceso. En cambio, el infinitivo sugiere que se observa la acción de principio a fin. *I hear the birds singing in the trees.* *I heard the neighbours argue for at least an hour.*
Try	Este verbo seguido de infinitivo sugiere que se está haciendo un esfuerzo, mientras que seguido de gerundio implica que se está efectuando una prueba, que se está experimentando con algo. *If you cannot fix the computer, try restarting it. That may work!* *Please, try to see things differently.*

LOS TIEMPOS VERBALES - TENSES

Como núcleo del predicado, los verbos designan acciones, estados o procesos. Una de sus características más importantes es que nos permiten expresar si estas acciones, estados o procesos ocurren en el presente, en el pasado o en el futuro. Esta información temporal se transmite a través de los distintos tiempos verbales. Además, los tiempos verbales también pueden reflejar el aspecto perfectivo o imperfectivo de una acción.

LA LÍNEA TEMPORAL

Para poder hablar correctamente de las acciones que realiza un sujeto, no sólo hemos de conocer los verbos que expresan dichas acciones. También necesitamos saber la manera en la que se transmite la información de tiempo y aspecto para cada acción concreta. Aunque el verbo *to dance* expresa la acción de bailar en todos los tiempos verbales, no es lo mismo decir *They **danced** last week* (Bailaron la semana pasada) que *They **have been dancing** for two hours* (Han estado bailando dos horas). Al comunicarnos debemos poder expresar correctamente de qué acción estamos hablando, cuándo sucede y si está acabada o en proceso. Todas las acciones o estados pueden situarse en algún punto de la línea temporal, que nos servirá para visualizar las relaciones que se establecen entre los tiempos verbales *(tenses)* y el tiempo *(time)*.

Los adverbios de tiempo y los sintagmas preposicionales son muy útiles para que la referencia temporal a la que remite un tiempo verbal sea clara.

EL GRUPO VERBAL

Los tiempos verbales son grupos verbales que se construyen uniendo verbos auxiliares o modales a un verbo léxico. El verbo léxico es siempre el núcleo del grupo verbal y los verbos auxiliares conjugados que lo preceden nos ayudan a formar las estructuras verbales complejas que nos permiten expresar las características de tiempo, aspecto o duración adecuadas para describir cada acción.

CLASIFICACIÓN DE LOS TIEMPOS VERBALES

Aunque el tiempo es una noción universal, cada lengua estructura su sistema de tiempos verbales de forma particular. Los usos y las formas de los tiempos verbales del castellano no se corresponden con los del inglés, por lo que no debéis intentar entender unos sobre la base de los otros. La clasificación más estricta de los tiempos verbales ingleses contempla únicamente los tiempos del pasado y los del presente, y considera que no existen tiempos del futuro, sino distintos modos de referirse al futuro mediante el uso de modales o de otros recursos. Sin embargo, la clasificación más extendida incluye doce tiempos que comprenden formas para el pasado, el presente y el futuro.

¡No os dejéis confundir por el nombre de los tiempos verbales! El *Present Perfect*, equivalente al Pretérito Perfecto castellano, puede emplearse para hablar de acciones que han sucedido en un tiempo pasado inmediatamente anterior al momento de enunciación.

EL TIEMPO *(TIME)* Y LOS TIEMPOS VERBALES *(TENSES)*

Los tiempos verbales *(tenses)* hacen referencia a la noción de tiempo *(time)*, que es un concepto universal no siempre vinculado a nociones lingüísticas. Como **categoría gramatical**, el tiempo permite que las acciones expresadas por los verbos se interpreten como pasadas, presentes o futuras desde el punto de vista del hablante gracias a los distintos tiempos verbales *(tenses)*. Podemos decir que el **pasado** remite a un tiempo anterior al de la enunciación; el **presente**, a un lapso temporal indefinido cuya relación con el momento de enunciación es más o menos estrecha; y el **futuro**, a un período posterior al momento de enunciación.

The train to Oxford *leaves* in twenty minutes.

Aunque la denominación de los tiempos verbales *(Present Simple, Present Continuous, Present Perfect,* etc.*)* suele darnos pistas sobre el tiempo que abarcan, esto no siempre es exacto. *"Leaves"* está conjugado en *Present Simple* para expresar una acción que sucederá en el futuro.

SIMPLE, CONTINUOUS Y *PERFECT*

En términos generales, los tiempos cuyo nombre contiene la palabra **Simple** remiten al lapso temporal en el que sucede una acción de una manera amplia y sin poner énfasis en el aspecto durativo de dicha acción. Esto los contrapone a los tiempos cuyo nombre contiene el término **Continuous**, que se emplean para describir procesos o acciones en desarrollo. En cambio, los tiempos cuya denominación incluye la palabra **Perfect** se emplean para expresar acciones acabadas total o parcialmente con anterioridad a un punto temporal determinado. Todos los tiempos verbales se articulan sobre la base de estos tres parámetros. *Simple* y *Continuous* describen características que remiten al aspecto no durativo o durativo de la acción, por lo que son excluyentes entre sí. En cambio, *Perfect* implica anterioridad, rasgo que puede aparecer en combinación con las características de aspecto.

	LOS TIEMPOS VERBALES	
	Simple	*Continuous*
	Present Simple	Present Continuous
	Past Simple	Past Continuous
	Future Simple	Future Continuous
Perfect	Present Perfect Simple	Present Perfect Continuous
	Past Perfect Simple	Past Perfect Continuous
	Future Perfect Simple	Future Perfect Continuous

*When we come back, we **will have been travelling** for three weeks!*

La relación temporal expresada por algunos tiempos verbales puede ser bastante compleja.

Tiempos verbales

*Some flowers **will blossom**.*
> Future Simple

*Some flowers **have blossomed**! >*
Present Perfect Simple

*Some flowers **are blossoming**.*
> Present Continuous

TABLA DE LOS TIEMPOS VERBALES

Present Simple	*Present Continuous*
Emily **plays** the guitar.	The girls **are playing** soccer.
I **don't** usually **miss** the bus for school.	He **is carrying** a heavy bag.
Past Simple	*Past Continuous*
The boy **waited** at the bus stop every morning.	I **was waiting** for my friend when you arrived.
I would be sad if she **didn't come** to my party.	What **were** you **doing** at three o'clock?
Present Perfect Simple	*Present Perfect Continuous*
They **have broken** the chair!	We **have been working** for five hours.
I **have** never **been** to Sydney.	Imran **has been living** in London since he was born.
Past Perfect Simple	*Past Perfect Continuous*
She found out that she **had lost** her purse.	When the class was over, they realised they **had** not **been paying** any attention to the teacher.
They **had** never **taken** a plane before they went to Boston.	When you called, I **had been waiting** for three hours.
Future Simple	*Future Continuous*
We **will bring** a cake to the party.	She **will be visiting** us next Summer.
Will you **ask** her out?	Lauren **will be skating** at the Talent Show on Saturday.
Future Perfect Simple	*Future Perfect Continuous*
In three weeks, you **will have finished** your exams.	They **will have been studying** for ten hours by 11 o'clock!
Next June, Paula and I **will have known** each other for 12 years!	When we come back, we **will have been travelling** for three weeks.

EL *PRESENT SIMPLE*

Aunque su nombre parece indicarnos que el *Present Simple* se refiere a acciones que suceden en el presente, lo cierto es que este tiempo tiene una referencia temporal mucho más general. Podréis usarlo en distintas situaciones:

- Para hablar de hábitos o acciones que suceden con periodicidad.
- Para tratar realidades que siempre son ciertas.
- Para referirse a hechos o acciones válidos en un tiempo presente indeterminado.
- Para abordar sucesos programados o fijados (horarios).
- Al usar verbos que expresan estados, posesiones, sentimientos, etc.

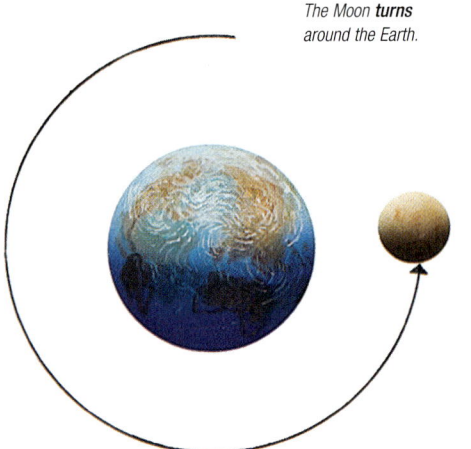

*The Moon **turns** around the Earth.*

Algunos verbos añaden *–es* en vez de *–s* para la 3.ª persona del singular. Son los que acaban en *–s, –ch, –x, –sh, –z* (*catch* > *catches*; *push* > *pushes*), *–o* (*go* > *goes*), así como en *–y* después de consonante (*try* > *tries*).

ESTRUCTURA FORMAL DEL *PRESENT SIMPLE*

	Forma conjugada		¡Atención!
auxiliar To Do	3.ª persona del singular (*she, he, it* o sustantivo)	***does***	Sólo usamos el auxiliar para oraciones negativas e interrogativas.
	el resto de personas	***do***	
verbo léxico	3.ª persona del singular (*she, he, it* o sustantivo)	***infinitivo* + *–s*** ej.: *she plays*	El verbo léxico conjugado sólo se emplea en oraciones afirmativas. En el resto de oraciones, es el auxiliar el que se conjuga, por lo que el verbo léxico permanece en infinitivo.
	el resto de personas	***infinitivo*** ej.: *they play*	

LAS SEÑALES IDENTIFICADORAS

Como sabéis, los tiempos verbales no aparecen solos en la oración. A menudo observamos que un tiempo verbal determinado va acompañado de ciertas palabras que nos sirven de señales identificadoras de ese tiempo verbal. En el caso del *Present Simple*, estas señales son los adverbios de frecuencia *(adverbs of frequency)* como **always**, **never**, **sometimes**, **usually** o **rarely**, u otros sintagmas con valor temporal que indican periodicidad como **twice a week**, **five times a day**, **every month**, **on Sundays**, etc.

I play soccer twice a week, on Mondays and on Wednesdays.

USOS DEL *PRESENT SIMPLE*	
Hábitos o acciones periódicas	*Sue always **meets** her friends on Fridays.* *We **go** to school five times a week.*
Verdades absolutas atemporales	*Water **boils** at 100 ºC.* *The Moon **turns** around the Earth.*
Hechos o acciones válidas en un período presente	*They **live** in New Delhi.* *She **works** for an important company.*
Horarios o programaciones	*My favourite TV show **starts** at 2.30 pm.* *This plane **flies** to Manchester twice a day.*
Verbos especiales	*Caryl **likes** French cuisine but I **prefer** Italian pasta.*

EL *PRESENT SIMPLE* EN LA ORACIÓN

Afirmación	Sujeto + verbo léxico conjugado + complementos
	Ej.: *She rides her motorbike in the weekends.*
Negación	Sujeto + auxiliar conjugado + *not* + infinitivo del verbo léxico + complementos
	Ej.: *She does not ride her motorbike in the weekends.*
Interrogación	Auxiliar conjugado + sujeto + infinitivo del verbo léxico + complementos?
	Ej.: *Does she ride her motorbike in the weekends?*

What does she do in the weekends?

She rides her motorbike.

Al formular una pregunta debemos **invertir el orden del sujeto y el auxiliar**: antepondremos el auxiliar al sujeto. Si empleamos las ***question word*** *(what, where, who,* etc.*)*, deberemos colocarlas al principio de la oración interrogativa, justo delante del auxiliar y del sujeto.

PREGUNTAS Y RESPUESTAS

Yes / No Questions	***Do*** *you **like** spaghetti?*	*Yes, **I do**.* *No, **I don't**.*
	Does *Judy **like** salad?*	*Yes, **she does**.* *No, **she doesn't**.*
Wh- Questions	***What** sort of food **do** you **like**?*	*I **like** pasta.*
	***Why** do you **like** fish?*	*Because it **is** very tasty!*
To Be as a full verb	***Are** this cookies homemade?*	*Yes, **they are**.* *No, **they aren't**.*
	***What is** your favourite softdrink?*	*My favourite softdrink **is** lemon soda.*

Tiempos verbales

FORMAS DEL *PRESENT SIMPLE*

Afirmación	Negación		Interrogación
	Forma completa	Forma contracta	
I sleep	I do not sleep	I don't sleep	Do I sleep?
You sleep	You do not sleep	You don't sleep	Do you sleep?
She/he/it sleep**s**	She/he/it do**es** not sleep	She/he/it do**es**n't sleep	Do**es** she sleep?
We sleep	We do not sleep	We don't sleep	Do we sleep?
You sleep	You do not sleep	You don't sleep	Do you sleep?
They sleep	They do not sleep	They don't sleep	Do they sleep?

INTERVIEW: A DAY IN MY DAD'S LIFE

*Question: What time **do** you usually **wake up**?*

*Answer: On weekdays, I usually **wake up** at 7.30 because I **have** to be in the office by 9.00.*

*Q: What **is** the first thing you **do** when you **wake up**?*

*A: I **take** a shower, **get** dressed and **help** you get ready for school!*

*Q: **Do** you **have** breakfast at home or in the office?*

*A: I normally **have** breakfast with my family and I **love** it! After breakfast we always **brush** our teeth and then I **drive** you to school. Then I **go** to my office and **work** until I **pick** you up at school around 5.00.*

Cuando usamos el verbo **To Be** como verbo léxico en el *Present Simple*, no empleamos el auxiliar **To Do** para construir la negación ni la interrogación.
Ej.: *I am not hungry.*

EL *PRESENT CONTINUOUS*

Cuando queremos referirnos a acciones que están sucediendo en el momento de enunciación, el tiempo que solemos utilizar es el *Present Continuous*. En general, este tiempo transmite la idea de que una acción está siendo realizada en el mismo instante en el que se está hablando de ella *(You **are reading** this text now)*. Sin embargo, también usamos este tiempo en un sentido más amplio para referirnos a actividades que están en proceso en el presente aunque no se estén desarrollando exactamente en el momento de enunciación.

ESTRUCTURA FORMAL DEL *PRESENT CONTINUOUS*

		Forma conjugada		¡Atención!
auxiliar	To Be	1.ª persona del singular	*am*	El auxiliar es un elemento imprescindible en todas las oraciones.
		3.ª persona del singular	*is*	
		el resto de personas	*are*	
verbo léxico		en *Present Participle*	infinitivo + *–ing* *play > playing*	El verbo léxico aparece en *Present Participle*, equivalente a nuestro gerundio. Es invariable.

USOS DEL *PRESENT CONTINUOUS*

Acciones que suceden en el momento de enunciación	*Listen! Someone **is singing** our favourite song!* *Sheila **is studying** so you must be quiet.*
Acciones que se encuentran en proceso	*I **am learning** German. I take lessons twice a week.* *The ice caps in the poles **are melting** faster every year.*
Planes establecidos para un futuro próximo	***Are** you **coming** to the theatre tonight?* *Paul **is travelling** to Japan next Tuesday.*
Modas o tendencias	*People **are using** computers to watch movies.* *Children **are eating** less fresh vegetables and fruit.*
Acciones que se repiten insistentemente (connotación negativa)	*Ralph **is** always **coming** late. I hate waiting for him!* *Why **are** you always **talking** on the phone?*

Tiempos verbales

CAMBIOS ORTOGRÁFICOS

Tenéis que prestar atención a los cambios ortográficos que se producen cuando conjugamos algunos verbos en *Present Continuous*. **Al añadir –ing**, los verbos cuya última sílaba tienen la estructura "consonante-vocal-consonante" doblan la última consonante *(sit > **sitting**)*. Los verbos que acaban en *–e* simple pierden esta vocal *(write > **writing**)*. Los verbos que terminan en *–ie* sustituyen estas dos vocales por *–y (lie > **lying**)*.

*Ralph **is** always **coming** late. I hate waiting for him!*
El uso del *Present Continuous* para describir acciones que se han repetido en el pasado y que continúan sucediendo en el presente tiene connotaciones negativas, es decir, muestra que el hablante está cansado de que la situación se repita. Si usáramos el *Present Simple*, la oración no estaría marcada negativamente.

PREGUNTAS Y RESPUESTAS

Yes / No Questions	**Are** you **dancing** samba?	Yes, **I am**.
		No, **I'm not**.
	Is Neil **sitting** on a couch?	Yes, **he is**.
		No, **he isn't**.
Wh- Questions	**What** kind of book **are** you **reading**?	I **am reading** a novel.
	What are your friends **talking** about?	They **are talking** about a movie.

EL *PRESENT CONTINUOUS* EN LA ORACIÓN

Afirmación	Sujeto + auxiliar conjugado + verbo + *–ing* + complementos
	Ej.: *She is taking a shower now.*
Negación	Sujeto + auxiliar conjugado + *not* + verbo + *–ing* + complementos
	Ej.: *She is not taking a shower now.*
Interrogación	Auxiliar conjugado + sujeto + verbo + *–ing* + complementos?
	Ej.: *Is she taking a shower now?*

Look! The Sun is rising!

Estad atentos a palabras como *now*, *at the moment* o *currently*; o verbos en imperativo como *Look!* o *Listen!*, ya que son las señales identificadoras del *Present Continuous*.

*Today is a special day. It is Samantha's birthday so we **are making** many different presents for her. Claire **is drawing** a picture and Peter **is painting** a big poster. Mehmet **is cutting** a piece of cardboard because he **is making** a crown for Samantha. Fatima **is getting** Samantha's Birthday card ready so she **is writing** CONGRATULATIONS!!! in many different languages. Miss Page, our teacher, **is helping** us. We **are listening** to some music so we **are not making** any noise. **Is** someone **baking** a Birthday cake? Of course! Samantha's mother is!*

FORMAS DEL *PRESENT CONTINUOUS*

Afirmación	Negación	Interrogación
Forma completa		
I am sleeping You are sleeping She/he/it is sleeping We are sleeping You are sleeping They are sleeping	I am not sleeping You are not sleeping She/he/it is not sleeping We are not sleeping You are not sleeping They are not sleeping	Am I sleeping? Are you sleeping? Is she/he /it sleeping? Are we sleeping? Are you sleeping? Are they sleeping?
Forma contracta		
I'm sleeping You're sleeping She/he/it's sleeping We're sleeping You're sleeping They're sleeping	I'm not sleeping You aren't sleeping o You're not sleeping She/he/it isn't sleeping o She/he/it's not sleeping We aren't sleeping o We're not sleeping You aren't sleeping o You're not sleeping They aren't sleeping o They're not sleeping	

¿*PRESENT SIMPLE* O *PRESENT CONTINUOUS*?

Los verbos que expresan estados (**be**, **believe**, **belong**, **depend**, **hate**, **like**, **love**, **mean**, **prefer**, **realise**, **remain**, **remember**, **seem**, **think**, **understand**, **want** y **wish**) suelen utilizarse en *Present Simple* en vez de en *Present Continuous*, aunque expresen realidades que están sucediendo en el momento de enunciación (*I really **like** you. Do you **believe** me?*). Sin embargo, si queremos enfatizar que se trata de acciones temporales con validez en el momento de enunciación emplearemos el *Present Continuous* (*I **am loving** spending time with you* > ahora; *I **love** spending time with you* > en general). Lo mismo sucede con los verbos de los sentidos (**see**, **hear**, **smell** y **taste**), que solemos usar en *Present Simple* o precedidos por el verbo modal **can** en vez de en *Present Continuous* (*Do you **hear** me?; **Can** you **see** that boat?*).

EL *PAST SIMPLE*

Empleamos el *Past Simple* cuando queremos referirnos a acciones o situaciones que ocurrieron en el pasado sin tener en cuenta su duración. En general, éste es el tiempo más común en cuentos y narraciones ya que permite enumerar cronológicamente distintos sucesos del pasado. El uso de este tiempo verbal implica que la acción expresada empezó y acabó en un momento más o menos cercano al de enunciación, que nos sirve de punto de referencia *(We **met** last year; Tim **bought** a new pair of shoes **yesterday**)*.

Mr. Wilde **had** an accident last night. He **fell** off the ladder and **hurt** his arm. Then he **called** his neighbour, who **took** him to hospital.

CAMBIOS ORTOGRÁFICOS

Hay verbos que modifican su grafía al añadir la terminación *–ed* para construir el *Past Simple*. Si la última sílaba tiene la estructura **"consonante-vocal-consonante"** y la vocal en dicha sílaba es corta y tónica, deberemos doblar la última consonante (observad la diferencia entre **s**to**p** > tónica > sto**pp**ed y **brighten** > átona > brighte**n**ed). Por otra parte, si el verbo en infinitivo acaba en *–e*, sólo deberemos añadir *–d* para formar el *Past Simple (save > save**d**)*. Finalmente, si el verbo termina en **vocal seguida de *–y***, se agregará *–ed* sin modificar el resto de la grafía *(pra**y** > pra**y**ed)*. En cambio, si el verbo acaba en **consonante seguida de *–y***, la terminación para el *Past Simple* será *–ied (worr**y** > wor**ried**)*.

Did you visit the Tate when you were in London?

No, we didn't. We only visited the British Museum.

USOS DEL *PAST SIMPLE*

Acción acabada en el pasado	*Last Summer she **bought** a new bicycle.* ***Did** you **visit** the Tate when you were in London?*
Hábitos del pasado	*As a child, John never **watched** television.* *When I was younger, I **didn't like** spinach.*
Enumeración de acciones pasadas	*Mr. Wilde **had** an accident last night. He **fell** off the ladder and **hurt** his arm. Then he **called** his neighbour, who **took** him to hospital.*

Acción puntual que interrumpe una acción en desarrollo en el pasado (en *Past Continuous*)	*<u>I was jogging</u> when <u>it **started** to rain</u>.*
	  1.ª acción 2.ª acción
	
	*<u>They were talking</u> but <u>she suddenly **left** the room</u>.*
	  1.ª acción 2.ª acción

a) Acciones acabadas en el pasado:

b) Acción puntual en el pasado que interrumpe otra acción en proceso:

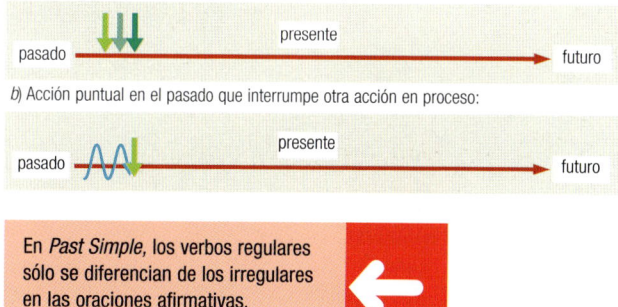

En *Past Simple*, los verbos regulares sólo se diferencian de los irregulares en las oraciones afirmativas.

ESTRUCTURA FORMAL DEL *PAST SIMPLE*

		Forma conjugada	¡Atención!
auxiliar	*To Do* (en *Past Simple*)	**did**	Sólo usamos el auxiliar para oraciones negativas o interrogativas.
verbo léxico	Verbos regulares	**Infinitivo + –ed** *play > played*	El verbo léxico conjugado sólo se emplea en oraciones afirmativas. En el resto de oraciones es el auxiliar el que se conjuga, por lo que el verbo léxico permanece en infinitivo.
	Verbos irregulares	**2.ª columna de la lista de irregulares** *teach > taught*	

EL *PAST SIMPLE* EN LA ORACIÓN

Afirmación

Sujeto + verbo léxico conjugado + complementos

Ej.: *She drew a colourful picture.*
The car stopped at the traffic light.

Negación

Sujeto + auxiliar conjugado + *not* + infinitivo del verbo léxico + complementos

Ej.: *She did not draw a colourful picture.*
The car did not stop at the traffic light.

Interrogación

Auxiliar conjugado + sujeto + infinitivo del verbo léxico + complementos?

Ej.: *Did she draw a colourful picture?*
Did the car stop at the traffic light?

EL *PAST SIMPLE* EN CONTEXTO

*Dorian **made** no answer, but **passed** listlessly in front of his picture, and **turned** towards it. When he **saw** it he **drew** back, and his cheeks **flushed** for a moment with pleasure. A look of joy **came** into his eyes, as if he had recognised himself for the first time.*

The Picture of Dorian Gray, de Oscar Wilde

LA PRONUNCIACIÓN DE LOS VERBOS EN *PAST SIMPLE*

Cuando la terminación *–ed* está **precedida por una consonante sorda** (p, k, t, s, f, ch, etc.), la *–e–* **es muda** y la *–d* se pronuncia como una **[t]** *(walk > walked* [walkt]*).* Cuando la terminación *–ed* está **precedida por una vocal o por una consonante sonora** (b, g, v, l, m, n, z, etc.), la *–e–* **es muda** y la *–d* se pronuncia **[d]** *(clean > cleaned* [klind]*).* Finalmente, si la terminación *–ed* está **precedida por [t] o [d], se pronunciará** [ed] *(wait > waited* [waited]*).*

El verbo *To Be* como verbo léxico no necesita el auxiliar *did* para construir la negación y la interrogación. Es la propia forma en pasado del verbo *To Be* (**was/were**) la que actúa de auxiliar y de verbo léxico simultáneamente. Ej.: *He **was** a good teacher > **Was** he a good teacher? > He **was not** a good teacher.*

FORMAS DEL *PAST SIMPLE*

	Afirmación	Negación		Interrogación
		Forma completa	Forma contracta	
Regulares	I watch**ed** You watch**ed** She/he/it watch**ed** We watch**ed** You watch**ed** They watch**ed**	I did not watch You did not watch She/he/it did not watch We did not watch You did not watch They did not watch	I didn't watch You didn't watch She/he/it didn't watch We didn't watch You didn't watch They didn't watch	Did I watch? Did you watch? Did she watch? Did we watch? Did you watch? Did they watch?
Irregulares	I went You went She/he/it went We went You went They went	I did not go You did not go She/he/it did not go We did not go You did not go They did not go	I didn't go You didn't go She/he/it didn't go We didn't go You didn't go They didn't go	Did I go? Did you go? Did she go? Did we go? Did you go? Did they go?

I used to eat a lot of candy as a kid and now I have cavities!
Cuando queremos hablar de un hábito o de una situación que se repetía en el pasado, empleamos la expresión **used to** + **infinitivo**. La interrogación y la negación se hacen con el auxiliar **did** *(Did you use to eat…?; I didn't use to eat…)*. Esta expresión sólo se utiliza para el pasado.

PREGUNTAS Y RESPUESTAS

Yes / No Questions	Did you behave?	Yes, **I did**. No, **I didn't**.
Wh-Questions	Where did Annie spend the Summer?	She went to Ireland on a Summer Camp.
To Be as a full verb	What was her favourite song?	Her favourite song was Heroes, by David Bowie.
	Where this shoes his?	Yes, they were. No, they weren't.

EL *PAST CONTINUOUS*

El *Past Continuous* es el tiempo verbal que se utiliza para indicar que una acción estaba en proceso en un momento determinado del pasado. Este momento puede estar definido por una marca temporal *(At one o'clock we **were having** lunch)* o por otra acción expresada en *Past Simple (Jill **was having** breakfast when she heard a strange noise)*. También se emplea para señalar que dos acciones sucedieron

simultáneamente en el pasado (*While Tom **was cooking**, Joe **was laying** the table*). Este tiempo suele utilizarse para enriquecer narraciones de hechos pasados, ya que nos permite ofrecer el contexto en el que ocurrieron estos hechos.

USOS DEL *PAST CONTINUOUS*

Acción en proceso en un momento del pasado	*Emily **was doing** her homework at nine o'clock.* *What movie **were** you **watching** last night?*
Acciones simultáneas en el pasado	*Lauren **was singing** while her friend **was playing** the drums.*
Acción en desarrollo en el pasado interrumpida por una acción puntual (en *Past Simple*)	*I **was hiding** when you found me.* acción desarrollo — acción puntual *While you **were waiting** for her, the concert began.* acción desarrollo — acción puntual
Acciones que se repetían en el pasado insistentemente (connotación negativa)	*He **was** always **asking** for money when we met.* *They **were** never **answering** the phone.*

EL *PAST CONTINUOUS* EN LA ORACIÓN

Afirmación	Sujeto + verbo conjugado + verbo + *–ing* + complementos
	Ej.: *She was waiting for the bus.*
Negación	Sujeto + auxiliar conjugado + not + verbo + *–ing* + complementos
	Ej.: *She was not waiting for the bus.*
Interrogación	Auxiliar conjugado + sujeto + verbo + *–ing* + complementos?
	Ej.: *Was she waiting for the bus?*

ESTRUCTURA FORMAL DEL *PAST CONTINUOUS*

	Forma conjugada		¡Atención!
auxiliar	To Be — 1.ª y 3.ª persona del singular	was	El auxiliar es un elemento imprescindible en todas las oraciones.
	el resto de personas	were	
verbo léxico	en *Present Participle*	infinitivo + *–ing* play > playing	El verbo léxico aparece en *Present Participle*, equivalente a nuestro gerundio. Es invariable.

El *Past Continuous* también se construye con el *Present Participle* (infinitivo + *–ing*), por lo que las normas ortográficas que se aplican para formar el *Present Continuous* también son válidas para este tiempo.

FORMAS DEL *PAST CONTINUOUS*

Afirmación	Negación		Interrogación
	Forma completa	Forma contracta	
I was going	I was not going	I wasn't going	Was I going?
You were going	You were not going	You weren't going	Were you going?
She/he/it was going	She/he/it was not going	She/he/it wasn't going	Was she/he/it going?
We were going	We were not going	We weren't going	Were we going?
You were going	You were not going	You weren't going	Were you going?
They were going	They were not going	They weren't going	Were they going?

PAST SIMPLE Y *PAST CONTINUOUS*

La relación entre estos dos tiempos verbales es bastante estrecha. Cuando empleamos los dos tiempos en una oración compuesta, estamos sugiriendo que la acción en *Past Simple* interrumpió el desarrollo de la acción en *Past Continuous* (*The car **broke down** when I **was driving** to the beach*). Sin embargo, el *Past Continuous* no nos indica si la acción está acabada, simplemente nos dice que estaba en proceso en un momento determinado del pasado. En cambio, el uso del *Past Simple* implica que una acción terminó en el pasado (*They **were sitting** on a bench when I bumped into them* > la acción de estar sentados se describe como inacabada; *They **sat** on a bench for two hours and then went home* > la acción de estar sentados se describe como finalizada).

EL *PRESENT PERFECT SIMPLE*

El *Present Perfect Simple* nos permite hablar de una acción que empezó en un momento indefinido anterior al de enunciación. La relación con el presente es muy estrecha porque la acción acabó recientemente, porque todavía no ha terminado o porque tiene consecuencias directas sobre el presente. El instante preciso en el que sucedió la acción no es importante al usar *Present Perfect Simple*, por lo que no solemos definirlo con expresiones temporales como *last year, one year ago* o *at the moment*. En cambio, sí podemos emplear expresiones menos específicas como *several times, before, already* o *so far* para ofrecer cierta información temporal.

USOS DEL *PRESENT PERFECT SIMPLE*

Acciones del pasado reciente con consecuencias en el presente	Jeff **has lost** his surfboard. I **have studied** a lot for this exam.
Acciones que describen una evolución apreciable en el presente	Your English **has improved** since you live in London. Spanish **has become** a very important language.
Acciones iniciadas en el pasado, pero cuya validez perdura hasta el momento de enunciación	I **have had** a terrible cold for two weeks! (aún estoy resfriada). He **has loved** you since he saw you (aún te quiere).
Acciones que son ciertas en un período de tiempo que se prolonga desde el pasado hasta la actualidad	Albert **has** never **visited** Rome. My parents **have travelled** by plane several times.

EL *PRESENT PERFECT SIMPLE* EN LA ORACIÓN

Afirmación

Sujeto + auxiliar conjugado + *Past Participle* + complementos

Ej.: *Julia has painted the room blue.*

Negación

Sujeto + auxiliar conjugado + *not* + *Past Participle* + complementos

Ej.: *Julia has not painted the room blue.*

Interrogación

Auxiliar conjugado + sujeto + *Past Participle* + complementos?

Ej.: *Has Julia painted the room blue?*

¿Os habíais fijado que en los verbos regulares la forma del *Past Simple* (infinitivo + *–ed*) es igual a la del *Past Participle*, que utilizamos para construir el *Present Perfect Simple*?

ESTRUCTURA FORMAL DEL *PRESENT PERFECT SIMPLE*

	Forma conjugada		¡Atención!
auxiliar	**To Have** — 1.ª y 3.ª persona del singular	*has*	El auxiliar es un elemento imprescindible en todas las oraciones.
	el resto de personas	*have*	
verbo léxico	en *Past Participle* — verbos regulares	infinitivo + *–ed* *want > wanted*	El verbo léxico aparece en *Past Participle*, que es igual para todas las personas. Sin embargo, deberéis aprender de memoria la lista de verbos irregulares.
	verbos irregulares	3.ª columna de la lista de irregulares *teach > taught*	

Albert **has** never **visited** Rome.

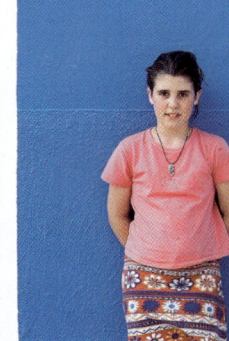

Aunque la acción de pintar la habitación de azul haya sucedido en el pasado, utilizamos el *Present Perfect Simple* para indicar que se pintó recientemente y que el resultado es apreciable.

FORMAS DEL *PRESENT PERFECT SIMPLE*

Afirmación	Negación	Interrogación
Forma completa		
I have won	I have not won	Have I won?
You have won	You have not won	Have you won?
She/he/it **has** won	She/he/it **has** not won	**Has** she/he/it won?
We have won	We have not won	Have we won?
You have won	You have not won	Have you won?
They have won	They have not won	Have they won?
Forma contracta		
I've won	I haven't won	
You've won	You haven't won o You've not won	
She/he/it 's won	She/he/it **hasn't** won o **She/he/it's** not won	
We've won	We haven't won o We've not won	
You've won	You haven't won o You've not won	
They've won	They haven't won o They've not won	

PALABRAS RELACIONADAS

Prestad atención a la posición sintáctica que ocupan en la oración porque suele ser fija.

still	La acción todavía es válida en el presente. Aparece en oraciones negativas.	You **still** haven't tidied your room.
already	La acción ha sucedido antes de lo esperado. No suele aparecer en oraciones negativas.	You have **already** tidied your room. What a nice surprise!
yet	La acción es válida hasta ahora. Expresa que el hablante tiene ciertas expectativas y suele aparecer en negaciones e interrogaciones.	You haven't tidied your room **yet**! Have you tidied your room **yet**?
just	La acción acaba de suceder muy recientemente.	I have **just** tidied my room so I know where my toys are!
ever	La acción es válida en cualquier tiempo pasado o presente. Aparece en interrogaciones.	Have you **ever** been to Australia?
never	La acción no ha sucedido nunca. Aparece en oraciones afirmativas.	I have **never** been to Australia.
so far, recently	La acción es válida en un período que empieza en el pasado y se prolonga hasta el presente.	I am taking cooking lessons and I have learned a lot **so far**. I haven't seen her **recently**.

PREGUNTAS Y RESPUESTAS

Yes / No Questions	**Have** you **cooked** dinner?	Yes, **I have**. No, **I haven't**.
	Has Keith **spread** the news?	Yes, **he has**. No, **he hasn't**.
Wh-Questions	**Whose** cake **have** you **tried**?	**I've tried** Sean's.
	What has the dog **hidden**?	It **has hidden** my socks!

Lo que determina cuál de estos dos tiempos verbales es el más adecuado para hablar de una acción concreta no es siempre el momento en el que sucedió una acción sino si el hablante quiere vincularla en mayor o menor medida al momento de enunciación.

EL *PRESENT PERFECT SIMPLE* Y EL *PAST SIMPLE*

Tanto el *Present Perfect Simple* como el *Past Simple* nos permiten referirnos a actividades que sucedieron en el pasado. Sin embargo, entre estos tiempos existen dos diferencias claves. El *Past Simple* es un tiempo del pasado, por lo que la acción que expresa no guarda relación directa con el presente y, en general, ocurrió en un tiempo lejano. En cambio, el *Present Perfect Simple* siempre nos aporta información sobre el presente o sobre acciones muy próximas al presente con consecuencias apreciables en el momento de enunciación.

*You have **already** tidied your room. What a nice surprise!*

Si combinamos el *Present Perfect* con expresiones como **today**, **this morning**, **this week** o **this month**, estamos marcando el inicio de un período de tiempo que se prolonga hasta el momento de enunciación dentro del cual la acción es cierta.

EL *PRESENT PERFECT CONTINUOUS*

Este tiempo verbal tiene unas características similares al *Present Perfect Simple*, ya que también se emplea para hablar de acciones que empezaron en un instante del pasado próximo al momento de enunciación. Sin embargo, el *Present Perfect Continuous* tiene dos características que su compañero no tiene. En primer lugar, este tiempo pone énfasis en el aspecto durativo de la acción descrita. Su importancia recae en que expresa la acción como un proceso y no como algo puntual. Por este motivo, suele ir acompañado de expresiones temporales como *for ten minutes, all night* o *since Friday*. En segundo lugar, el uso del *Present Perfect Continuous* implica que la acción ha sucedido muy recientemente, por lo que el hablante puede percibir mediante los sentidos los resultados directos de dicha acción.

ESTRUCTURA FORMAL DEL *PRESENT PERFECT CONTINUOUS*

	Forma conjugada			¡Atención!
auxiliar	*To Be* (en *Present Perfect Simple*)	3.ª persona del singular	**has been**	El auxiliar es un elemento imprescindible en todas las oraciones. Al ser compuesto, los adverbios se colocan entre la primera y la segunda parte.
		el resto de personas	**have been**	
verbo léxico	en *Present Participle*	infinitivo + *–ing* *play* > **playing**		El verbo léxico aparece en *Present Participle*, equivalente a nuestro gerundio. Es invariable.

I/you/we/you/they   have + been + verbo–ing > *You **have been** waiting*.
she/he/it   has + been + verbo–ing > *It **has been** raining*.

I have had this bike for two months. Recuerda que algunos verbos no suelen aparecer en tiempos continuos (los que expresan posesión, sentimientos, estados, etc.), por lo que normalmente aparecerán en *Present Perfect Simple*.

En las oraciones afirmativas, podemos contraer el sujeto con la primera parte del auxiliar (***I've*** *been resting*).
En las oraciones negativas, podemos contraer la primera parte del auxiliar con *not* (*she **hasn't** been working*). En las oraciones interrogativas la contracción no es posible.

EL *PRESENT PERFECT CONTINUOUS* EN LA ORACIÓN

Afirmación	Sujeto + auxiliar conjugado + verbo + *–ing* + complementos	
	Ej.: *It has been raining for three hours.*	
Negación	Sujeto + 1.ª parte auxiliar + *not* + 2.ª parte auxiliar + verbo + *–ing* + complementos	
	Ej.: *It has not been raining for three hours.*	
Interrogación	1.ª parte auxiliar + sujeto + 2.ª parte auxiliar + verbo + *–ing* + complementos?	
	Ej.: *Has it been raining for three hours?*	

PRESENT PERFECT SIMPLE Y *PRESENT PERFECT CONTINUOUS*

La diferencia principal entre estos dos tiempos verbales es que cada uno centra su atención en un aspecto distinto de la acción que describe. En el *Present Perfect Simple*, lo importante es el resultado que una actividad determinada tiene sobre el presente. No importa el proceso, sino la acción como actividad completa. En cambio, lo que importa en el *Present Perfect Continuous* es describir la actividad como proceso con independencia de si está acabada o no. Esto puede interesarnos cuando queremos enfatizar el grado de esfuerzo dedicado al desarrollo de una actividad o su proximidad temporal al momento de enunciación.

PALABRAS RELACIONADAS

how long...?	Pregunta acerca del período en el que una acción es válida. En general, se emplea con *Present Perfect Continuous* aunque también podemos utilizarla con *Present Perfect Simple*.	*How long have they known each other?* *How long have we been living here?*
since	Indica el momento en el que la acción empieza a tener validez. Puede aparecer con ambos tiempos.	*They have known each other since 2001.* *We have been living here since 1989.*
for	Señala la duración del período en el que la acción es válida. Puede aparecer con ambos tiempos.	*They have known each other for four years.* *We have been living here for a long time.*

EL *PAST PERFECT SIMPLE*

Los tiempos verbales que hemos visto hasta el momento nos permiten expresar relaciones temporales complejas que toman el momento de enunciación como punto de referencia.

Sin embargo, a veces queremos expresar el mismo grado de complejidad tomando una situación pasada como punto de referencia.

*Someone **has broken into** my flat!*

*When I came back I realised that someone **had broken into** my flat.*

Para ello utilizamos el *Past Perfect Simple*, que nos permite hablar de acciones que sucedieron con anterioridad a un punto concreto del pasado. En este sentido, podéis entender el *Past Perfect Simple* como el tiempo pasado del *Present Perfect Simple*.

ESTRUCTURA FORMAL DEL *PAST PERFECT SIMPLE*			
	Forma conjugada		**¡Atención!**
auxiliar	***To Have*** (en *Past Simple*)	**had**	Este auxiliar, invariable, es imprescindible en todas las oraciones.
verbo léxico	en *Past Participle*	verbos regulares	Infinitivo + *–ed* *want > wanted*	Recordad que la forma del *Past Participle* de los verbos regulares es igual que la del *Past Simple*.
		verbos irregulares	3.ª columna de la lista de irregulares *teach > taught*	

El *Past Perfect Simple* expresa una relación temporal equivalente a la del *Present Perfect Simple*. La diferencia es que el punto de referencia del *Past Perfect Simple* es necesariamente un momento del pasado en vez del momento de enunciación.

EL *PAST PERFECT SIMPLE* EN LA ORACIÓN

Afirmación	**Sujeto + auxiliar conjugado + *Past Participle* + complementos**
	Ej.: *The match had started when we arrived.*
Negación	**Sujeto + auxiliar conjugado + *not* + *Past Participle* + complementos**
	Ej.: *The match had not started when we arrived.*
Interrogación	**Auxiliar conjugado + sujeto + *Past Participle* + complementos?**
	Ej.: *Had the match started when we arrived?*

USOS PARTICULARES

El *Past Perfect Simple* y el *Past Perfect Continuous* se suelen utilizar para hablar de deseos o expectativas que teníamos en el pasado pero que se vieron frustrados. Esto implica que pueden expresar que en el presente desearíamos que una acción hubiera sucedido o no en el pasado. Este significado se ve reforzado con el uso de estos tiempos verbales en verbos como *hope*, *expect* o *assume*, o en estructuras oracionales como el **Third Conditional** *(Paul **had expected** William to call him on his Birthday but William forgot; If she **hadn't been watching** TV all afternoon, she wouldn't have a headache now!).*

Last week.

How was the match?

*It was great but it **had** already **started** when we arrived!*

Las formas del *Past Perfect Simple* siguen la misma estructura que las del *Present Perfect Simple* pero con el auxiliar en pasado (*had* en vez de *have/has*), que se puede contraer con el sujeto en las oraciones afirmativas *(I had seen > **I'd** seen)* o con *not* en las negativas *(She had not heard > She **hadn't** heard).*

EL *PAST PERFECT CONTINUOUS*

Como podéis deducir a partir de lo que ya sabéis de los tiempos verbales, los usos de este tiempo son muy similares a los que vimos al estudiar el *Present Perfect Continuous*. Sin embargo, el *Past Perfect Continuous* permite hablar de la duración de una actividad que sucedió con anterioridad a una situación del pasado. Esta situación del pasado suele estar expresada en *Past Simple*. En este sentido, podemos decir que el *Past Perfect Continuous* es el pasado del *Present Perfect Continuous*.

ESTRUCTURA FORMAL DEL *PAST PERFECT CONTINUOUS*

	Forma conjugada		¡Atención!
auxiliar	*To Be* (en *Past Perfect simple*)	had been	Es un elemento imprescindible en todas las oraciones. Al ser compuesto, los adverbios se colocan entre la primera y segunda parte.
verbo léxico	en *Present Participle*	infinitivo + *–ing* play > playing	El verbo léxico aparece en *Present Participle*, equivalente a nuestro gerundio. Es invariable.

had + been + verbo + –ing

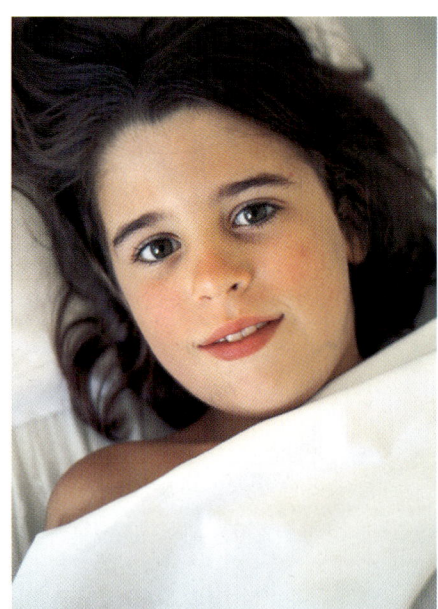

When the child woke up, she realised **she'd been dreaming** all night.
Las formas contractas del *Past Perfect Continuous* siguen la misma estructura que las del *Present Perfect Continuous*: la primera parte del auxiliar se contrae con el sujeto en las oraciones afirmativas (**She'd** been dreaming) y con *not* en las oraciones negativas (I **hadn't** been waiting, etc.). En la forma interrogativa, el *Past Perfect Continuous* no permite contracción.

EL *PAST PERFECT CONTINUOUS* EN LA ORACIÓN

Afirmación

Sujeto + auxiliar conjugado + verbo + –*ing* + complementos

Ej.: *He had been dreaming all night.*

Negación

Sujeto + 1.ª parte auxiliar + *not* + 2.ª parte auxiliar + verbo + –*ing* + complementos

Ej.: *He had not been dreaming all night.*

Interrogación

1.ª parte auxiliar + sujeto + 2.ª parte auxiliar + verbo + –*ing* + complementos?

Ej.: *Had he been dreaming all night?*

*She **had been waiting for twenty minutes** when the bus arrived.*

How long**, **for** y **since también nos permiten ofrecer o pedir información temporal en oraciones en *Past Perfect Continuous*.

LOS TIEMPOS EN CONTEXTO

*Jason **was feeling**[4] a little afraid. He **was trying**[4] to keep calm but he couldn't. He **had**[3] always **wanted**[3] to travel on a ship but he now **wished**[3] he **had not come**[7]. After half an hour he **noticed**[3] that some sharks **had been following**[8] them. He **came across**[7] an officer and **asked**[3] him: «**Have**[5] you **seen**[5] the captain? I **have been looking**[6] for him but he i**sn't**[1] in his cabin».*

*«He **is talking**[2] to the cook at the moment. He **is trying**[2] today's menu. You **know**[1] how much he **likes**[1] food…», **replied**[3] the officer with a smile.*

*«**Do**[1] you **think**[1] I can speak to him now? It **is**[1] quite urgent», **said**[3] Jason.*

*«Ok, little Jason, I will help you find him», **answered**[3] the officer.*

***Present Simple**[1], **Present Continuous**[2], **Past Simple**[3], **Past Continuous**[4], **Present Perfect Simple**[5], **Present Perfect Continuous**[6], **Past Perfect Simple**[7], **Past Perfect Continuous**[8]*

Formas de expresar el futuro - Ways of expressing the future

En inglés hay distintas maneras de referirse al futuro, ya sea mediante los tiempos verbales que corresponden específicamente a este tiempo, ya sea mediante otros recursos como la perífrasis verbal *going to* o el uso de algunos de los tiempos verbales que hemos estudiado. Los contextos de uso de cada una de estas formas de expresar el futuro son distintos y sus características pueden parecer un poco abstractas en un primer momento. Sin embargo, con la práctica os resultará sencillo apreciar las diferencias entre cada una de ellas.

EL *FUTURE SIMPLE*

Como habéis visto en las páginas anteriores, todos los tiempos verbales se conjugan gracias a uno de los auxiliares: *be, do* o *have*. No obstante, los tiempos del futuro se sirven del verbo modal ***will*** para conjugar sus formas. El *Future Simple* tiene una estructura bastante sencilla y, en general, su función es describir acciones o situaciones que se espera que sucedan en un momento más o menos determinado del futuro.

ESTRUCTURA FORMAL DEL *FUTURE SIMPLE*

	Forma	¡Atención!
auxiliar modal	***will***	Los verbos modales son invariables.
verbo léxico	**infinitivo**	Tras un modal, el verbo aparece siempre en infinitivo.

USOS DEL *FUTURE SIMPLE*

Voluntad de realizar una acción; promesas	*I **won't let** you down. I **will study** hard and I **will pass** my exams.*
Decisiones tomadas en el momento del habla	*Sam: I don't know how to do this exercise.* *Tara: Don't worry. I **will help** you!*
Opiniones o suposiciones acerca del futuro	*I think they **will win** the match.* *I know her and I am sure she **will forgive** you.*
Alto grado de certeza respecto de algo	*He just called. He **won't arrive** before 7 pm.* *My son **will be** 11 years old next June.*

LAS FORMAS DEL *FUTURE SIMPLE*

Afirmación	I/you/she/he/it/we/you/they **will sing**
	I/you/she/he/it/we/you/they**'ll sing**
Negación	I/you/she/he/it/we/you/they **will not sing**
	I/you/she/he/it/we/you/they **won't sing**
Interrogación	**Will** I/you/she/he/it/we/you/they **sing**?

I bet he will buy the blue rucksack. It's his favourite colour!

Los verbos *guess*, *bet*, *think*, *suppose* o *be sure* nos permiten hacer predicciones o expresar nuestra opinión acerca de una situación. Por ese motivo suelen ir seguidos de otro verbo en *Future Simple*.

Los tiempos del futuro no pueden aparecer en oraciones que empiecen con palabras como **when, while, before, after, if, unless, by the time** o **as soon as**.

EL *FUTURE SIMPLE* EN LA ORACIÓN

Afirmación	Sujeto + *will* + infinitivo del verbo léxico + complementos
	Ej.: *My Mum will drive you home.*
Negación	Sujeto + *will* + not + infinitivo del verbo léxico + complementos
	Ej.: *My Mum will not drive you home.*
Interrogación	*Will* + sujeto + infinitivo del verbo léxico + complementos?
	Ej.: *Will my Mum drive you home?*

EL *FUTURE CONTINUOUS*

Para entender el *Future Continuous*, tendréis que hacer un pequeño esfuerzo de abstracción y de visualización: debéis imaginar las actividades del futuro no como acciones acabadas, sino como actividades en desarrollo. De este modo, podréis usar el *Future Continuous* para indicar que una acción futura será interrumpida por otra acción en el futuro, o que una actividad estará en curso en un momento determinado que todavía está por llegar. También podemos usar este tiempo para hablar de actividades planeadas que vamos a realizar en un futuro próximo.

*This time next week I **will be flying** to Japan!*

LAS FORMAS DEL *FUTURE CONTINUOUS*

Afirmación	I/you/she/he/it/we/you/they **will be travelling**.
	I/you/she/he/it/we/you/they**'ll be travelling**.
Negación	I/you/she/he/it/we/you/they **will not be travelling**.
	I/you/she/he/it/we/you/they **won't be travelling**.
Interrogación	Will I/you/she/he/it/we/you/they **be travelling**?

EL *FUTURE CONTINUOUS* EN LA ORACIÓN

Afirmación	Sujeto + *will be* + verbo + *–ing* + complementos
	Ej.: *My aunt will be staying at my parent's house.*
Negación	Sujeto + *will* + *not* + *be* + verbo + *–ing* + complementos
	Ej.: *My aunt will not be staying at my parent's house.*
Interrogación	*Will* + sujeto + *be* + verbo + *–ing* + complementos?
	Ej.: *Will my aunt be staying at my parent's house?*

ESTRUCTURA FORMAL DEL *FUTURE CONTINUOUS*

will + *be* + verbo + *–ing*

Estos tres elementos se mantienen invariables independientemente del sujeto de la oración.

El *Future Continuous* también nos permite expresar que varias acciones sucederán simultáneamente en el futuro, por lo que es útil para crear ambiente al describir aquello que creemos que pasará.

*During the holidays we **will go** to the beach every day! Some of the people **will be swimming**, some others **will be resting** and children **will be making** sand castles.*

FUTURE PERFECT SIMPLE Y CONTINUOUS

Aunque el concepto resulte curioso, podemos hablar de las acciones del futuro como si ya estuvieran acabadas. Aunque es evidente que estas acciones todavía no han sucedido, el uso del *Future Perfect Simple* o el *Future Perfect Continuous* nos permite establecer relaciones temporales cronológicas entre eventos que supuestamente sucederán en el futuro. Para que esto sea posible, necesitamos fijar un momento del futuro como el punto de referencia en el cual la acción expresada por el verbo en *Future Perfect* ya habrá concluido.

EL *FUTURE PERFECT SIMPLE*

Expresar que una acción sucederá en el futuro antes que otra acción.	When you wake up, I **will** already **have taken** my plane to Washington. We **will** just **have had** lunch by the time you call.
Expresar que una acción ocurrirá antes de un momento dado en el futuro.	By next week I **will have finished** my exams! At 9.00, Mrs. Woolf **will** already **have gone** to work.

ESTRUCTURA FORMAL DEL *FUTURE PERFECT SIMPLE*

Verbos regulares	will	have	infinitivo + –ed want > wanted
Verbos irregulares	will	have	3.ª columna de la lista de irregulares teach > taught

Today — By next week I **will have finished** my exams!

A week later — I have finished my exams!

EL *FUTURE PERFECT SIMPLE* EN LA ORACIÓN

Afirmación	Ej.: The concert **will have started** at 9 o'clock.
Negación	Ej.: The concert **will not have started** at 9 o'clock.
Interrogación	Ej.: **Will** the concert **have started** at 9 o'clock?

EL *FUTURE PERFECT CONTINUOUS*

Expresar que una situación habrá estado en desarrollo durante un período determinado antes de otra situación futura.	*When she retires, she **will have been teaching** at the University for twenty-five years.* *The workers **will have been fixing** our kitchen for one month when we come back from holiday.*
Expresar que una situación habrá estado en desarrollo durante un período determinado hasta un momento específico del futuro.	*He **will have been walking** for ten hours by 7.30. In ten minutes, the children **will have been playing** computer games for over an hour.*

Los adverbios como ***already, just, still*** o ***yet*** suelen aparecer entre el modal ***will*** y ***have***.

ESTRUCTURA DEL *FUTURE PERFECT CONTINUOUS*

	will	*have been*	infinitivo + *–ing* play > *playing*
Afirmación	*The cat **will have been sleeping** all day.*		
Negación	*The cat **will not have been sleeping** all day.*		
Interrogación	***Will** the cat **have been sleeping** all day?*		

Observa estas dos oraciones:
*In two months, she **will have been** in England for one year >* verbo *To Be* en Future Perfect Simple
*In two months, she **will have been studying** in England for one year >* verbo *To Study* en Future Perfect Continuous.
Recuerda que hay verbos que no pueden aparecer en tiempos verbales continuos, por lo que deberemos emplear el Future Perfect Simple en lugar del Future Perfect Continuous aunque queramos remarcar el aspecto durativo de una acción.

OTRAS FORMAS DE EXPRESAR EL FUTURO

Como sabéis, no podemos abordar el futuro con la misma certeza con la que nos referimos al pasado o al presente ya que, en realidad, sólo podemos hablar de suposiciones, intenciones o planes, nunca de acciones realizadas. Por eso, además de los tiempos del futuro que hemos estudiado, podemos emplear el **Present Simple** (The train arrives in 20 minutes), el **Present Continuous** (I am baking muffins this evening) o la perífrasis **going to** (I am going to ride my bicycle) para referirnos a acciones futuras con distintos matices. Estos tres recursos complementan los usos del **Future Simple** y nos permiten expresar con mayor precisión la perspectiva del hablante al referirse a una acción futura.

EL *PRESENT SIMPLE* CON VALOR FUTURO

En una línea similar a la de los usos que vimos en el apartado correspondiente a este tiempo verbal, el *Present Simple* también se emplea para describir acciones futuras que son el resultado de horarios, itinerarios o actividades programadas sobre las que no tenemos capacidad de decisión. Normalmente, en estas oraciones aparece una expresión temporal para indicar cuándo sucederá la acción descrita (*The exhibition **opens** next month*).

*I am getting married next month and **I hope to see** you at the wedding!*

Podemos referirnos al futuro mediante verbos como **hope to**, **expect to**, **intend to** o **want to** en *Present Simple* seguidos de infinitivo. Todos estos verbos expresan la voluntad de realizar una acción o de que algo suceda, pero indican que el hablante no está seguro de lo que va a pasar realmente.

EL USO DE *BE GOING TO* + INFINITIVO

Si bien es cierto que la perífrasis del castellano **ir a** + **infinitivo** también tiene un valor futuro, sus usos no están tan delimitados como los de *be going to* + infinitivo. Hay tres situaciones en las que el empleo de la perífrasis inglesa es adecuado: *a*) para expresar que alguien tiene la intención de hacer algo en el futuro; *b*) para referirnos a planes futuros que no están completamente atados; *c*) para pronunciar predicciones sobre el futuro basadas en hechos o en pruebas que son ciertas en el presente. Si carecemos de este indicio en el presente, deberemos utilizar *will*.

EL *PRESENT CONTINUOUS* CON VALOR FUTURO

Imaginad que os han regalado una entrada para el concierto de vuestro grupo favorito, que será en una semana. El grado de certeza de que vayáis al concierto es muy alto, ya que tenéis la entrada y muchas ganas de asistir. Por eso, si le explicáis a un amigo lo que vais a hacer en una semana, lo haréis en *Present Continuous*, ya que es el tiempo verbal que utilizamos para hablar de los planes personales futuros propios o ajenos cuando estamos seguros de que sucederán.

USOS Y EJEMPLOS DE *BE GOING TO* + INFINITIVO

Expresar intenciones.	*Things **are going to change** next year! I **am going to stop** smoking and I **am going to go** jogging twice a week.*
Hablar de planes.	*They **are going to open** a new supermarket in the neighbourhood.* *She **is going to visit** her grandmother next week.*
Hacer predicciones basadas en indicios en el presente.	*Look at the smoke coming out of the car! It **is going to break down** soon.* *You **are going to have** a stomachache if you don't stop eating.*

Podemos usar la locución **be about to do something** (*I'm about to leave!*) para decir que algo está a punto de suceder.

*Things **are going to change** next year! I'm going to stop smoking and I'm going to go jogging twice a week.*

*She has decided she **isn't going to complain** anymore about her job. She's going to look for a new one instead.*

Si queremos hacer contracciones del auxiliar o de la negación, seguiremos la misma estructura que vimos al estudiar el *Present Continuous*.

La oración - The sentence

Cuando hablamos o escribimos, organizamos las palabras en oraciones para que aquello que queremos expresar sea fácilmente comprendido por nuestros interlocutores. La oración es una unidad gramatical y retórica elaborada que nos permite comunicar ideas complejas articulándolas en torno a una estructura básica de sujeto y predicado. Podemos identificarla desde el punto de vista ortográfico porque empieza con mayúsculas y aparece entre puntos.

Sujeto	Predicado	
	Verbo	**Complementos**
The plane	is taking off.	
My granny	has made	ham and mustard sandwiches for the party.
Bob	was given	a 1.500 $ scholarship.

LA ORACIÓN SIMPLE: SUJETO Y PREDICADO

EL SUJETO

El sujeto es la parte de la oración que **concuerda** en número y persona **con el verbo** y de la que se predica algo en el resto de la oración. Esta función sintáctica la desarrolla principalmente un sustantivo *(**Sally** is looking for her cat)*, un sintagma nominal *(**My sister's neighbour** is a psychologist)*, un pronombre *(**We** congratulated Ann on her marks)* o una oración con valor nominal *(**Talking on the phone** doesn't help them)*. Una de las características más notables del sujeto en inglés es que no puede ser omitido salvo en las oraciones imperativas *(Come over here!)* y en algunas frases hechas *(Well done!)*.

Who won the match?

Los pronombres personales no son los únicos que pueden funcionar como sujeto de una oración. Observad este ejemplo en el que es un pronombre interrogativo *(Question Word)* el que realiza esta función.

La oración

EL PREDICADO

El predicado de una oración está compuesto por todos los elementos que completan el significado del verbo con excepción del sujeto. El verbo es a la vez núcleo del predicado y de la oración, y tiene un vínculo muy estrecho con el sujeto y con el resto de elementos que la configuran. Como núcleo del predicado, éste condiciona las distintas estructuras sintácticas de la oración y define el tipo de complementos que han de aparecer en ella. Además, puede aportar valor semántico *(Mary **was carrying** a heavy bag)* o servir de puente entre el sujeto de la oración y un complemento o atributo *(William **became** a fantastic athlete)*.

LOS COMPLEMENTOS DEL PREDICADO

Dado que las estructuras oracionales del inglés son distintas de las del castellano, algunos de los elementos del predicado tienen características distintas en uno u otro idioma. En inglés, hay complementos cuya aparición está condicionada por la estructura que requiere el verbo al que modifican. Los complementos más empleados son el *Direct Object*, el *Indirect Object*, el *Prepositional Object* y el *Subject Complement*. Además de estos complementos, existen otros con valor adverbial, los *Adjuncts*.

PRINCIPALES COMPLEMENTOS DEL PREDICADO

Direct Object (equivale al objeto directo)

Suele representar a aquello que se ve afectado por la acción del verbo. Suele seguir al verbo en oraciones con un único complemento y al objeto indirecto en oraciones con dos complementos.	-They bought **a house**. - Karen sent John **a parcel**. -The pupil drew **a picture** for his teacher.

Indirect Object (equivale al objeto indirecto)

Suele representar a la persona que se beneficia de la acción expresada por el verbo. Es el elemento que sigue al verbo en oraciones con dos complementos. Puede ir seguido de la preposición *to* o *for*.	-Karen sent **John** a parcel. -She gave a present **to Paul**.

Prepositional Object (equivale al complemento de régimen)

Tiene un valor similar al del objeto directo. Está realizado por un sintagma preposicional y aparece tras los verbos regidos por preposición. El elemento nominal que sigue a esta preposición puede convertirse en sujeto de una oración pasiva.	-Jill suffers **from diabetes**. -He would like to apply **for a job**. -The government will deal **with the crisis**.

Subject Complement (equivale al atributo)

Aparece como complemento de verbos copulativos y atribuye características al sujeto de la oración. No puede ser el sujeto de una oración pasiva.	-This fabric is **smooth**. Tom looked **quite happy**. -Her hair was turning **grey**.

Adjunct (equivale al complemento circunstancial)

Es un elemento que aporta información circunstancial de tiempo, lugar, modo, instrumento, etc. Suele ser opcional aunque algunos verbos lo requieren como complemento.	-There is a great concert **this weekend**. -He opened the tin **with a proper opener**. -He bought an umbrella **in order to stop the rain**.

TIPOS DE ORACIÓN SEGÚN LAS CARACTERÍSTICAS DEL PREDICADO

Podemos clasificar las oraciones en función del tipo y de la cantidad de complementos del predicado que han de aparecer necesariamente para que sean correctas.
Esta obligatoriedad viene dada por el verbo principal de la oración, que impone una determinada estructura sintáctica. Cuando el verbo principal es **intransitivo**, los complementos que aparecen en una oración son opcionales ya que este tipo de verbos no requiere ningún complemento. En cambio, cuando el verbo es **transitivo** la oración ha de tener al menos un complemento obligatorio.

Oraciones como *The building collapsed* son correctas, aunque su predicado sea muy simple (está formado únicamente por el verbo) porque su verbo es intransitivo. Esta estructura sería imposible en verbos como *tell*, que necesitan dos complementos para poder aparecer correctamente en una oración (**He told > He told her story to the writer*).

POSICIÓN DE LOS COMPLEMENTOS EN LOS VERBOS TRANSITIVOS

Cuando un verbo va seguido de dos objetos, el objeto indirecto puede aparecer en primer lugar o tras el objeto directo seguido de una preposición, usualmente **to** o **for**. Preferimos usar la paráfrasis con preposición cuando queremos dar especial importancia al objeto indirecto o cuando éste es mucho más largo que el objeto directo; por ejemplo, cuando no está representado por un pronombre. En los verbos que necesitan un objeto indirecto y un complemento preposicional, el objeto indirecto aparece justo detrás del verbo y no admite la paráfrasis con *to* o *for*.

LA ORACIÓN SIMPLE Y LA ORACIÓN COMPLEJA

Las estructuras oracionales que hemos visto hasta ahora corresponden a oraciones simples, que son aquéllas que están formadas por un único predicado verbal. Este tipo de oraciones nos permite transmitir mensajes relativamente sencillos, sobre todo cuando no dominamos el vocabulario y las estructuras gramaticales complejas de una lengua. Sin embargo, a menudo necesitamos comunicar ideas más elaboradas en las que se relacionan varias acciones entre sí. En este caso recurrimos a las oraciones complejas, que combinan dos o más predicados verbales mediante recursos de coordinación, yuxtaposición y subordinación, como las conjunciones o los pronombres relativos.

Utilizamos la preposición *to* para introducir el objeto indirecto cuando queremos indicar que la persona recibe la acción del verbo y *for* cuando queremos mostrar que la persona se beneficia de la acción del verbo.

> Las oraciones compuestas suelen estar formadas por dos oraciones simples unidas por un nexo.

LAS ORACIONES EN EL TEXTO

It was on the eve of August Bank Holiday that the latest recruit became the leader of the Wormsley Common gang. No one was surprised except Mike, but Mike at the age of nine was surprised by everything. "If you don't shut your mouth", somebody once said to him, "you'll get a frog down it." After that Mike had kept his teeth tightly clamped except when the surprise was too great.

The Destructors, de Graham Green

La oración según la actitud del hablante

Las situaciones en las que se produce un acto comunicativo son muy diversas, así como los motivos que nos llevan a pronunciar una oración. Cuando nos expresamos, los hablantes de una lengua no sólo transmitimos información, sino que también mostramos nuestra actitud frente a aquello que estamos diciendo. Podemos clasificar las oraciones según este criterio en oraciones enunciativas, interrogativas, exclamativas, dubitativas y desiderativas.

LA MODALIDAD ORACIONAL

Los enunciados que emitimos no sólo posibilitan transmitir información neutra, sino que también nos permiten mostrar las actitudes y los sentimientos que nos suscita esa información. Dicho de otro modo, cuando hablamos podemos expresar una situación que entendemos como realidad *(Martha is coming for lunch)* o expresar la relación que establecemos con la realidad *(Martha is coming for lunch!)*. En cualquiera de los dos casos, la estructura oracional que escojamos es tan importante como la entonación con la que hablamos, los gestos que la acompañan o, en lengua escrita, los signos de puntuación.

LA NEGACIÓN DE ELEMENTOS NO VERBALES

Pronombre negativo en posición de sujeto	**Nobody** passed the exam. **None** (of the shops) was open.
Pronombre negativo en posición de objeto directo	She heard **no one**. They have been doing **nothing** all morning.
Determinante negativo	We have **no** money left. **Neither** students arrived on time.
Conjunciones correlativas con valor negativo	**Neither** Karen **nor** Jack agreed with the mark.
Adverbio de negación *not* delante de un determinante	**Not** many people visited her. **Not** one person liked his attitude.
Adverbio con valor negativo o minimizador (*scarcely*, *hardly*, etc.)	We **never** go abroad. I could stay **nowhere**.

LAS ORACIONES ENUNCIATIVAS

Como indica su nombre, las oraciones enunciativas nos enuncian algo, es decir, nos informan de una realidad. Estas oraciones, que son las que muestran la actitud del hablante de un modo más neutro, siguen la estructura básica de sujeto y predicado. Pueden ser afirmativas o negativas en función de si aseveran algo o de si lo niegan. Las estructuras afirmativas son relativamente sencillas, pero las negativas tienen características específicas que debéis tener en cuenta.

LAS ORACIONES NEGATIVAS

En inglés podemos negar una oración mediante dos recursos distintos. El más extendido es la negación del verbo con la partícula **not**, para lo cual necesitamos recurrir a los verbos auxiliares y modales. En los tiempos verbales conjugados, *not* se sitúa entre el auxiliar o el modal y el verbo léxico *(She has not seen me)*. En las formas no personales como infinitivo y gerundio, *not* se sitúa justo antes de la forma verbal *(Not knowing what to do, Kelly asked for advice)*. El segundo recurso que empleamos para negar una oración es incluir en ella un elemento no verbal con valor negativo como *no, never, nobody, none*, que equivale a la negación del verbo.

She has not seen me.

You have paid **none of** your bills.

Delante de sintagmas nominales o de pronombres personales en plural podemos usar **none of**.

ELEMENTOS NO VERBALES QUE INDICAN NEGACIÓN

*Imagine if you can, a small room, hexagonal in shape, like the cell of a bee. It is lighted **neither** by window **nor** by lamp, yet it is filled with a soft radiance. There are **no** apertures for ventilation, yet the air is fresh. There are **no** musical instruments, and yet, at the moment that my meditation opens, this room is throbbing with melodious sounds.*

The Machine Stops, de E.M. Foster

 Cuando aparece alguno de estos elementos en la oración, no debemos negar el verbo principal con la partícula *not* para que la oración tenga valor negativo.

DOS FORMAS DE NEGAR

Negando elementos no verbales	Negando el verbo
Nobody passed the exam.	They didn't pass the exam.
They have been doing nothing all morning.	They haven't been doing anything all morning.
They have no money left.	They don't have any money left.
Neither Karen nor Jack agreed with the mark.	Both Karen and Jack didn't agree with the mark.
Not many people helped her.	Many people didn't help her.
I could stay nowhere.	I couldn't stay anywhere.

Aunque ambas formas de negar son correctas y equivalentes en la mayoría de casos, solemos emplear la negación de un elemento no verbal en lenguaje formal y escrito, y la negación del verbo en el resto de situaciones.

*I cannot understand anything **at all***. La expresión **at all** se suele utilizar para reafirmar el valor de un negativo, aunque también la empleamos para dar énfasis a preguntas y a oraciones en las que aparece el adverbio **hardly**, como en *Do you play poker at all?* o *I hardly know her at all.*

*There is **no** sugar left!*
Además de adverbio de negación, **no** también puede ser un determinante. En este caso, se puede usar delante de nombres contables e incontables. Su significado es muy parecido a **not** o **not any** en frases negativas *(There is not any sugar left)* pero, a diferencia de éstos, **no** se utiliza cuando queremos dar énfasis a la idea negativa.

EL DOBLE NEGATIVO

A veces encontramos oraciones en las que aparecen simultáneamente dos elementos de negación, como los que hemos visto, o un elemento negativo y un adjetivo con un prefijo de negación. Es lo que se conoce como doble negativo. Aunque en la mayoría de casos su uso convierte el sentido de la oración en positivo, hay ocasiones en las que se mantiene el valor negativo de los dos elementos. En cualquier caso, el uso del doble negativo está desaconsejado porque no hay una regla que nos permita saber cuándo su uso es erróneo o lleva confusiones en la comprensión de su significado.

USOS DEL DOBLE NEGATIVO

Peggy **never** talks to **nobody**.	Uso incorrecto.
He **didn't** want **nothing**.	Sólo es correcto si equivale a decir *He wanted something*. Uso extraño pero posible para dar énfasis.
Don't just say **nothing**, please.	Equivale a decir *say something*. Uso correcto para dar énfasis al mensaje.
Your offer is **not unattractive**.	Equivale a decir *Your offer is attractive to a certain extent*. Uso correcto para afirmar con menor intensidad que si se emplea una oración afirmativa.
I **wouldn't** say I **wasn't** surprised by the news.	Equivale a decir *I was surprised by the news to a certain extent*. Uso correcto para afirmar con menor intensidad que si se emplea una oración afirmativa.

LAS ORACIONES INTERROGATIVAS

Gracias a las oraciones interrogativas, podemos pedir información a nuestros interlocutores. A pesar de esta característica común, los rasgos formales de este tipo de oraciones varían.

En inglés disponemos de tres modos distintos de formular una oración interrogativa en función del tipo de información que requiramos. Por un lado, están las **Yes/No Questions** que, como su nombre indica, buscan un sí o un no como respuesta. En segundo lugar, tenemos las **Wh-Questions**, en las que empleamos un pronombre interrogativo o *Question Word* para construir la pregunta. La respuesta en este caso es una oración completa o un sintagma nominal. Finalmente, podemos plantear una pregunta a modo de **alternativa**. En este caso, la respuesta es una de las opciones que están contenidas en el enunciado.

TIPOS DE ORACIONES INTERROGATIVAS

Tipo de oración interrogativa	Características	Ejemplos
Yes/No Questions o interrogaciones absolutas	Al producirse una inversión del orden del verbo y del sujeto, la pregunta empieza con el auxiliar del verbo. Quien formula la interrogación sólo busca saber si la información que aparece en el enunciado es o no cierta. La respuesta contiene la partícula negativa o afirmativa separada por una coma del sujeto y del auxiliar.	-Have you seen Sarah lately? -No, I haven't. -Are you in love? -Yes, I am. -Don't you enjoy reading? -Of course I do!
Wh-Questions o interrogaciones parciales	La interrogación empieza por un pronombre interrogativo. Se realiza la inversión de sujeto y auxiliar del verbo excepto si el pronombre interrogativo realiza la función de sujeto. La respuesta es una oración independiente o un sintagma en el que se ofrece la información requerida.	-What happened to the plants? -They dried. -Whose gloves are these? -They are Bianca's. -How many books have you read? -Three.// I've read three books.
Preguntas alternativas	Están compuestas por dos interrogaciones absolutas unidas por *or*. A veces se omite el verbo de la segunda parte de la interrogación, cuando se sobreentiende. Se espera que la respuesta esté contenida en la propia pregunta.	-Do you want some chocolate or do you prefer some cookies? -I'll have some cookies. -Is it a boy or (is it) a girl? -It's a girl!

La oración

INVERSIÓN DEL SUJETO Y EL AUXILIAR

Oraciones enunciativas			
Sinead	has	become	the manager of the company.
Oraciones interrogativas			
Has	Sinead	become	the manager of the company?

Observa estos ejemplos: *Who left the door open?*
What happened? En oraciones interrogativas en *Present Simple* o *Past Simple* que empiezan con **who**, **what** o **which** en función de sujeto, debemos prescindir del auxiliar *do* para construir la pregunta.

Why did your parents cancel your trip to Ireland?

Because I failed three subjects and I had to study during the Summer holidays.

Why didn't you study before?

Because I was a bit lazy…

Como veis en este ejemplo, las interrogaciones también pueden estar formuladas en negativo, generalmente cuando queremos mostrar una cierta sorpresa o reforzar la duda. Recuerda que las respuestas a las preguntas con *why* empiezan con *because*.

LOS PRONOMBRE INTERROGATIVOS: *QUESTION WORDS*

Who?	¿Quién?
What?	¿Qué?
Where?	¿Dónde?
When?	¿Cuándo?
Which?	¿Cuál?
Whose?	¿De quién?
Why?	¿Por qué?
How?	¿Cómo?
How many?	¿Cuántas/os?
How much?	¿Cuánta/o?

A diferencia del castellano, en inglés sólo se coloca un signo de interrogación **?** o de exclamación **!** **al final de la oración** interrogativa o exclamativa, respectivamente.

LOS *QUESTION TAGS*

A menudo queremos saber si nuestro interlocutor está de acuerdo con lo que estamos diciendo o si una información es cierta. Para ello, añadimos una señal interrogativa al final de la oración enunciativa. Es lo que conocemos como *question tag*, que viene a significar "¿No es verdad?" o "¿Estás de acuerdo?". La regla básica de este tipo de interrogaciones es que tras una oración afirmativa debemos construir el *question tag* en negativo y que tras una oración negativa necesitamos un *question tag* afirmativo.

PARTICULARIDADES DE LOS *QUESTION TAGS*

El *question tag* se construye usando el mismo **verbo auxiliar** que aparece en la oración principal seguido de un **pronombre personal** o de ***there***, que realiza la función de sujeto. Si la oración principal tiene un modal como auxiliar, el *question tag* emplea este modal, y si la oración principal está formulada en imperativo, el *question tag* se suele construir con el verbo modal *will*. El significado del *question tag* cambia según la entonación. Si ésta es descendente, el *tag* transmite que el hablante busca que su interlocutor muestre su acuerdo con respecto a lo dicho. En cambio, con una entonación ascendente el *tag* tiene el valor de una pregunta real.

Oración afirmativa	→	*Question tag* negativo
Oración negativa	→	*Question tag* afirmativo

Los *question tags* son muy utilizados en conversaciones coloquiales y, según la entonación que les demos, ayudan a dar énfasis a una frase o a hacer que una afirmación se convierta en pregunta.

La oración

LAS ORACIONES EXCLAMATIVAS

Utilizamos las oraciones exclamativas para expresar una emoción o un sentimiento con énfasis. En inglés, este tipo de oraciones suele empezar con **what** o **how** y acabar con un signo de exclamación. *What* funciona aquí como determinante del sintagma nominal que recibe el énfasis *(What a nice skirt you are wearing!)* y *how*, como un intensificador de un adjetivo *(How boring this movie is!)* o de un adverbio *(How fluently you speak!)*. A diferencia de lo que sucede en oraciones interrogativas que también emplean estos pronombres, en las oraciones exclamativas no se produce la inversión del sujeto y el auxiliar.

LAS ORACIONES DUBITATIVAS Y LAS DESIDERATIVAS

Como su nombre indica, las oraciones dubitativas expresan una duda o una posibilidad. En inglés, esta connotación se consigue con el uso de verbos modales como **may** o **might** *(It may be cold outside)* o con el uso de palabras como *wonder*, *possibly* o *maybe (I wonder if she loves me)*, cuyo valor semántico incluye este matiz dubitativo. Por otra parte, las oraciones desiderativas se caracterizan por expresar un deseo. Aunque en castellano este tipo de oraciones se construye utilizando el subjuntivo, en inglés se emplea el verbo **wish seguido de una oración con el verbo en pasado o con would** *(I wish I were on holiday; I wish he would come with us but I think he is too busy)*.

Mind the gap!

La entonación exclamativa también se puede emplear en frases imperativas (*Mind the gap!*) o en oraciones enunciativas (*You are gorgeous!*) para intensificar su significado.

I wonder if she loves me.

La mayoría de oraciones dubitativas se pueden parafrasear con la forma negativa del verbo *know* unida a una oración mediante la conjunción *if* (*I don't know if she loves me*).

LA ORACIÓN CONDICIONAL - CONDITIONALS

A menudo necesitamos mostrar que una acción es la condición necesaria para el desarrollo de otra. Empleamos las oraciones condicionales, que son oraciones complejas formadas por dos proposiciones, para expresar esta relación de dependencia o subordinación. Como veremos a continuación, existen cuatro perspectivas desde las que podemos entender una condición, por lo que existen cuatro tipos distintos de oraciones para expresarlas.

LA CONJUNCIÓN CONDICIONAL *IF*

Si pensáis en una frase en castellano que exprese una condición, es muy probable que en ella aparezca la conjunción condicional *si*. El equivalente inglés de esta conjunción es *if*, que encontramos en la mayoría de oraciones condicionales. En todas ellas, la conjunción *if* introduce la proposición en la que aparece la condición, es decir, las circunstancias que han de existir para que pueda darse la situación expresada por la segunda proposición.

If you try hard, you will become a very good drummer. You will become a good drummer if you try hard. Cuando la proposición que introduce la condición (*if*) precede a la que introduce la consecuencia, debemos emplear una coma para separarlas.

Los cuatro tipos de oraciones condicionales se diferencian formalmente por el tiempo en el que se conjugan los verbos en cada una de sus dos proposiciones.

ZERO CONDITIONAL

Hay ciertos tipos de oraciones que expresan una condición cuya consecuencia es siempre verdadera; por ejemplo, los enunciados científicos o las verdades generales:

- *Gas burns if you expose it to fire* > es un dato contrastable científicamente.
- *When you approach the equator, the temperature increases* > es un dato generalmente cierto.

En estos casos empleamos el *Zero Conditional*, cuyo significado genérico es "si la condición se cumple, la consecuencia necesariamente también". Esta relación condicional se construye con el uso del *Present Simple* en ambas proposiciones de la oración condicional. En este tipo de condiciones, siempre podéis sustituir la conjunción *if* por *when*.

FIRST CONDITIONAL

Utilizamos el *First Conditional* cuando queremos mostrar que una condición y su consecuencia son posibles y probables. De este modo, el hablante muestra que la relación expresada por el enunciado condicional es realizable, ya que se proyecta desde el presente hacia el futuro. El significado genérico del *First Conditional* es "si la condición se cumple, la consecuencia también se cumplirá".

En el *First Conditional*, el verbo de la oración principal suele aparecer en *Future Simple* (*will* + infinitivo), aunque también podemos conjugarlo en imperativo (*If you see him, **tell** him to call me*) o precedido por los modales *can*, *may*, *should* o *must* (*If you study hard, you **may pass** the test*) en función del significado que queramos darle.

If I don't finish these meatballs, I can't have dessert.

ESTRUCTURA FORMAL DEL *ZERO CONDITIONAL*

Condición (oración subordinada)	Consecuencia (oración principal)
If + sujeto + *Present Simple*,	sujeto + *Present Simple*
If water **reaches** 0° degrees,	it **freezes**.

ESTRUCTURA FORMAL DEL *FIRST CONDITIONAL*

Condición (oración subordinada)	Consecuencia (oración principal)
If + sujeto + *Present Simple*,	sujeto + *Future Simple*
If you **come** for dinner,	I **will cook** lasagna.

SECOND CONDITIONAL

¿Qué haríais si fuerais invisibles? A veces queremos hablar de situaciones que entendemos como irreales o improbables, aunque teóricamente sean posibles porque la relación condicional se proyecta desde el presente hacia el futuro. Al emplear el *Second Conditional*, el hablante percibe la condición y su consecuencia como poco probables. El significado genérico de este condicional es "si la condición fuera posible, la consecuencia también lo sería". Para expresar esta relación condicional, utilizamos la misma estructura que en el *First Conditional* pero en pasado.

If I were you, I wouldn't eat up the cake!

Empleamos el *Second Conditional* para dar consejos a los demás (*If I were you...*). Recordad que si utilizamos el verbo **To Be** en este condicional, la forma correcta para todas las personas es **were** en vez de **was**.

ESTRUCTURA FORMAL DEL *SECOND CONDITIONAL*

Condición (oración subordinada)	Consecuencia (oración principal)
If + sujeto + *Past Simple*,	sujeto + *would** + infinitivo *(Conditional Simple)*
If I **ran** faster,	I **would become** an athlete.

* También podemos usar *might* o *could*.

Cuando nos arrepentimos de algo que hicimos o dejamos de hacer en el pasado, usamos el verbo **wish** seguido del **Past Perfect**.

*I **wish** we **had chosen** a more comfortable hotel!*

THIRD CONDITIONAL

¿Recordáis alguna situación del pasado en la que os hubiera gustado actuar de otro modo para que las consecuencias hubieran sido otras? Utilizamos el *Third Conditional* para hablar de estas situaciones en las que resulta materialmente imposible que la condición se cumpla puesto que se trata de un evento del pasado. El significado genérico de este condicional es "si la condición hubiera sido posible, la consecuencia se habría cumplido".

*If **he had seen** the sign, he would have stopped the car. If he **hadn't been talking** on the phone, the police wouldn't have given him a ticket.*
El verbo que expresa la condición puede aparecer en *Past Perfect Simple* o *Continuous* en función de la situación que describa.

ESTRUCTURA FORMAL DEL *SECOND CONDITIONAL*

Condición (oración subordinada)	Consecuencia (oración principal)
If + sujeto + *Past Perfect*,	sujeto + *would** + *have* + *Past Participle (Conditional Perfect)*
If she **had seen** you,	she **would have said** hello.

* También podemos usar *might* o *could*.

LA VOZ PASIVA - PASSIVE VOICE

Aunque parezca extraño, hay muchas situaciones en las que no resulta relevante conocer quién realizó la acción expresada por el verbo de una oración. Esto puede suceder porque no conocemos su identidad o porque queremos focalizar el interés de la oración en la acción o en el objeto de la acción. En estos casos solemos usar las oraciones pasivas, que nos permiten modificar el orden sintáctico de los elementos oracionales sin cambiar su significado.

LA VOZ ACTIVA Y LA VOZ PASIVA

El uso de la voz pasiva en inglés es mucho más frecuente que en lenguas como el castellano, por lo que es importante que entendáis su funcionamiento. En las oraciones en voz activa el sujeto es el agente de la acción descrita por el verbo, cuyo objeto es el elemento que recibe dicha acción. En cambio, en las oraciones pasivas se invierte el orden sintáctico de estos elementos: el objeto pasa a desempeñar la función de sujeto paciente y el sujeto la de complemento agente precedido de la preposición *by*. En la nueva oración pasiva, el verbo debe concordar con el sujeto pasivo *(Wendy is solving the problems > The problems are being solved by Wendy)*.

En las oraciones pasivas debemos elidir el sujeto paciente cuando es irrelevante o desconocido. Cuando el sujeto de la oración activa es un pronombre personal sujeto *(Subject Pronoun)*, en la oración pasiva deberemos transformarlo en el pronombre personal objeto equivalente *(Object Pronoun)* para que aparezca tras la preposición *by*.

*Breakfast **is served** between 8 and 11 o'clock (by us?).*

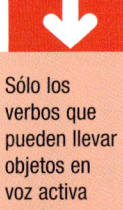

Sólo los verbos que pueden llevar objetos en voz activa pueden aparecer en voz pasiva.

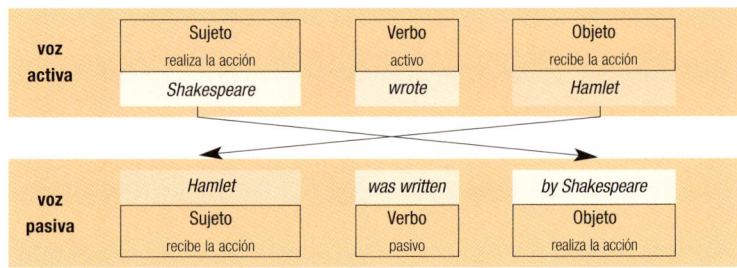

voz activa	Sujeto realiza la acción	Verbo activo	Objeto recibe la acción
	Shakespeare	*wrote*	*Hamlet*

voz pasiva	*Hamlet*	*was written*	*by Shakespeare*
	Sujeto recibe la acción	Verbo pasivo	Objeto realiza la acción

DIFERENCIAS EN EL SIGNIFICADO

Observad estas dos oraciones: *He is driving to the station; He is being driven to the station*. En la primera oración el sujeto es activo: el señor está conduciendo. En cambio, en la segunda oración el sujeto no realiza la acción de conducir, sino que la recibe: alguien está conduciendo por él. Como os habréis dado cuenta, la primera oración está en voz activa y la segunda, en voz pasiva.

LOS TIEMPOS VERBALES EN VOZ PASIVA

En los temas anteriores hemos estudiado los tiempos verbales en voz activa. Todos ellos tienen su correspondiente forma en voz pasiva, que se construye con el verbo **to be como auxiliar** conjugado en el tiempo en el que esté el verbo en voz activa seguido del *Past Participle* de dicho verbo.

- *My friends **speak** French (Present Simple Active)*
- *French **is spoken** by my friends (Present Simple Passive)*

LOS TIEMPOS VERBALES EN VOZ PASIVA

Tiempo verbal	Voz activa	Voz pasiva
Present Simple	He steals an apple.	An apple **is stolen** by him.
Present Continuous	He is stealing an apple.	An apple **is being stolen** by him.
Past Simple	He stole an apple.	An apple **was stolen** by him.
Past Continuous	He was stealing an apple.	An apple **was being stolen** by him.
Present Perfect Simple	He has stolen an apple.	An apple **has been stolen** by him.
*Present Perfect Continuous	He has been stealing an apple.	An apple **has been being stolen** by him.
Past Perfect Simple	He had stolen an apple.	An apple **had been stolen** by him.
*Past Perfect Continuous	He had been stealing an apple.	An apple **had been being stolen** by him.
Future Simple	He will steal an apple.	An apple **will be stolen** by him.
*Future Continuous	He will be stealing an apple.	An apple **will be being stolen** by him.
Future Perfect Simple	He will have stolen an apple.	An apple **will have been stolen** by him.
*Future Perfect Continuous	He will have been stealing an apple.	An apple **will have been being stolen** by him.

*Estos tiempos verbales no se utilizan casi nunca en voz pasiva.

EL USO DE LOS MODALES EN VOZ PASIVA

Podemos usar verbos modales delante de estructuras verbales pasivas. Para poder hacerlo, debemos recurrir a la forma base del verbo *to be* (infinitivo) ya que, como sabéis, detrás de un **modal** sólo puede aparecer un infinitivo. Para las oraciones en presente, emplearemos el modal seguido de la forma *be + Past Participle* (The conference should be translated into English) y para las oraciones en pasado, el modal seguido de **have been + Past Participle** (The conference should have been translated into English).

La interrogación y la negación en los tiempos en voz pasiva se construye como en los de voz activa: invirtiendo el orden del sujeto y del primer auxiliar para la interrogación, y añadiendo *not* tras el primer auxiliar para la negación.

*The conference **should be translated** into English.*

LOS VERBOS CON DOS OBJETOS

Algunos verbos pueden tener dos objetos: el complemento directo, que es el elemento que sufre la acción del verbo *(They showed me **the house**)*; y el complemento indirecto, que suele ser la persona beneficiaria de la acción del verbo *(They showed **me** the house)*. Aunque os sorprenda, en inglés podemos construir oraciones pasivas empleando uno u otro objeto como sujeto pasivo. En este caso, el objeto que no pasa a ser sujeto pasivo mantiene su función en la nueva oración, aunque si se trata del complemento indirecto debe ir precedido de la preposición *to* o *for*.

- ***The house*** *was shown to me (by them)* > complemento directo en posición de sujeto

- *I was shown the house (by them)* > complemento indirecto en posición de sujeto

I have been given a medal! Cuando hay dos objetos, preferimos convertir el complemento indirecto en sujeto de la oración pasiva.

HAVE SOMETHING DONE

Hay situaciones en las que pedimos a otra persona que realice una acción para nosotros, por ejemplo, cuando vamos a la peluquería para que nos corten el pelo. Para hablar de estas situaciones en inglés, no podemos usar la estructura oracional activa ni la voz pasiva que acabamos de estudiar. Debemos emplear la estructura *have something done* para que quede claro que es otra persona la que lleva a cabo la acción en nuestro beneficio. Podemos utilizar la preposición *by* seguida de esta persona si queremos indicar de quién se trata.

- He **cut** his hair (él mismo se cortó el pelo)
- He **had** his hair **cut** by his best friend (su mejor amiga le cortó el pelo)

La pasiva se utiliza muy a menudo en textos periodísticos, científicos y en documentos oficiales.

I am cleaning this shirt.

November · 12 · 2005

TEENAGER CAUGHT SHOPLIFTING

A teenager **was arrested** in Manchester for shoplifting. Pedro Sánchez, 14, **was stopped** by security officers while he was leaving the store with a bag full of stolen items. Two weeks earlier Sánchez **had been caught** trying to leave another store wearing a stolen T-shirt. He **was given** a warning and he **was asked** to pay a £50 fine. Police officers have said that he **will be asked** to leave the country if his behaviour does not improve.

En la estructura *have something done*, el verbo *have* puede aparecer conjugado en el tiempo que sea adecuado para cada situación.

I am having this shirt cleaned.

Estilo indirecto - Reported speech

En el uso de la lengua podemos emitir enunciados que nos son propios o bien retomar las palabras que otra persona ha pronunciado. Cuando contamos aquello que nos han dicho, especialmente en lengua oral, utilizamos recursos lingüísticos para que nuestro interlocutor entienda que estamos haciendo de puente. Existen diversas maneras de citar lo que otra persona ha dicho, según lo hagamos en estilo directo o en estilo indirecto.

ESTILO DIRECTO Y ESTILO INDIRECTO

El estilo directo nos permite citar literalmente las palabras pronunciadas por alguien. En lengua escrita el uso de la cita en estilo directo, que debe aparecer entrecomillada.
En lengua oral resulta extraño usar el estilo directo porque quita fluidez al texto. En cambio, el estilo indirecto nos permite integrar las palabras de otra persona en nuestro discurso sin quitarle fluidez. Como veremos, esto conlleva algunos cambios en la oración que citamos.

EQUIVALENCIAS DE LOS TIEMPOS VERBALES

Estilo directo	Estilo indirecto
Tiempos Simples (pasado y presente)	
Present Simple	*Past Simple*
Past Simple	*Past Perfect Simple*
Present Perfect Simple	
Past Perfect Simple	
Tiempos Continuos (pasado y presente)	
Present Continuous	*Past Continuous*
Past Continuous	*Past Perfect Continuous*
Present Perfect Continuous	
Past Perfect Continuous	
Tiempos del futuro	
Will...	*Would...*
Is going to + infinitive	*Was/were going to + infinitive*

SAY Y TELL

Say y *tell* son los dos *Reporting Verbs* más comunes. Aunque su significado es prácticamente idéntico, el tipo de complementos que requieren es distinto. Cuando queremos especificar a quién estamos hablando, usamos **tell** porque este verbo necesita obligatoriamente la aparición del complemento indirecto *(She told me the time)*. En el resto de casos solemos emplear **say**, ya que no nos obliga a mencionar a quién se dice el enunciado y nos permite centrar el interés en lo que se dice *(She said that she wasn't coming)*.

Say	something	(to someone)
Tell	someone	something

USO DEL ESTILO INDIRECTO

En general, utilizamos el estilo indirecto para hablar de algo que nos contaron en el pasado. Esto implica que tenemos que modificar los tiempos verbales de la oración en estilo directo para que la relación temporal de la frase en estilo indirecto sea correcta. Además, debemos modificar los pronombres personales y las referencias temporales o espaciales para que la oración en estilo indirecto sea coherente.

CAMBIOS EN LAS REFERENCIAS TEMPORALES Y ESPACIALES

Estilo directo	Estilo indirecto
Referencia al presente	
This evening (week, month…)	**That** evening (week, month…)
Today	**That** day
These days (weeks, months…)	**Those** days (weeks, months…)
Now	**Then**
Referencia al pasado	
Two weeks **ago** (a month ago…)	Two weeks **before** (a month before…)
Last week (weekend, month…)	**The** week **before**; **the previous** week
Yesterday	**The day before**
Referencia al futuro	
Tomorrow	**The next** day; **the following** day
Next week (month, year…)	**The following** week (month, year…)
Referencia espacial	
Here	**There**

USO DEL *REPORTED SPEECH*

Estilo directo	Estilo indirecto
Tiempos Simples (pasado y presente)	
Emily **rehearses** with her band.	He said that Emily **rehearsed** with her band.
Emily **rehearsed** with her band (**two weeks ago**).	He said that Emily **had rehearsed** with her band (**two weeks before**).
Emily **has rehearsed** with her band.	
Emily **had rehearsed** with her band.	
Tiempos Continuos (pasado y presente)	
Imran **is riding** his bike (**today**).	She said that Imran **was riding** his bike (**that day**).
Imran **was riding** his bike (**last week**).	She said that Imran **had been riding** his bike (**the week before**).
Imran **has been riding** his bike.	
Imran **had been riding** his bike.	
Tiempos del futuro	
Lauren **will feed** her cat (**tomorrow**).	She said that Lauren **would feed** her cat (**the next day**).
Lauren **will be feeding** her cat.	She said that Lauren **would be feeding** her cat.
Lauren **is going to feed** her cat.	She said that Lauren **was going to feed** her cat.

EL IMPERATIVO

Las oraciones imperativas, es decir, las que expresan una orden, también pueden aparecer en estilo indirecto. Como sucede con las afirmaciones, debemos cambiar los pronombres personales, las referencias temporales y los tiempos verbales de la oración en voz activa. La particularidad de este tipo de oraciones es que el verbo en imperativo de la oración activa se sustituye por el infinitivo con **to** (**Close** the door! > She **told** me **to close** the door; She **asked** me **to close** the door.) En las oraciones imperativas negativas tenemos que añadir **not** antes del verbo en infinitivo (She **told** me **not to close** the door).

LA INTERROGACIÓN

Al pasarlas a estilo indirecto, todas las interrogaciones pierden la inversión del sujeto con el auxiliar y el signo de interrogación. Como se trata de preguntas, debemos usar el verbo **ask** como *Reporting Verb* para que se mantenga este significado interrogativo. Además, cuando formulamos una interrogación en estilo indirecto debemos sustituir la conjunción **that** por **if** o **whether** para las **yes/no questions**, o por la **question word** que aparezca en la interrogación en voz activa para el resto de interrogaciones.
- **Are you** coming? > She asked me if **I was** coming.
- Have you understood the poem? > He asked **whether/if** we had understood the poem.
- **What** is your favourite flavour? > She asked me **what** my favourite flavour **was**.

LOS VERBOS MODALES

Las oraciones en estilo directo que se construyen con verbos modales *(can, could, should, etc.)* también pueden ser transformadas a estilo indirecto. En estos casos, las equivalencias se operan sobre los verbos modales, como sucede con los tiempos del futuro, aunque en la mayoría de casos los verbos se mantienen iguales.

EQUIVALENCIA DE LOS MODALES	
Estilo directo	**Estilo indirecto**
I **can speak** Italian.	She said that she **could speak** Italian.
It **may rain** tomorrow.	They said that it **might rain** the next day.
He **must be** polite.	She said that he **had to be** polite.
You **needn't help** me.	He said that I **didn't need to help** her.

Modales invariables				
would	could	might	ought to	must have

You must wear your helmet.

She said that we had to wear our helmet.

ALGUNOS *REPORTING VERBS*

Estos *Reporting Verbs* os permitirán ser más precisos al pasar un enunciado al estilo indirecto, aunque deberéis prestar atención a la estructura oracional que necesitan. Algunos pueden aparecer con más de una estructura.

verb + object + to-infinitive		verb + to-infinitive		verb + (that) reported sentence	
ask	remind	agree	promise	admit	insist
advise	warn	decide	refuse	deny	decide
invite		offer		explain	
• Hannah said: «Do you want to come to the party?» • Hannah asked her friends to go to the party.		• Tom said: «I will tidy my room». • Tom promised to tidy his room.		• Peter said: «I went to the doctor because I was feeling sick». • Peter explained that he had gone to the doctor because he had been feeling sick.	

LAS ORACIONES DE RELATIVO - RELATIVE CLAUSES

Las oraciones de relativo son oraciones subordinadas que nos permiten añadir información a lo dicho en la oración principal. Su función es similar a la de los adjetivos ya que complementan al sustantivo.

El elemento que las une a la oración principal suele ser un pronombre relativo, cuya forma depende de la función que desempeña en la oración de relativo, del antecedente que tiene, y del tipo de oración de relativo en el que aparece.

LA ORACIÓN RELATIVA

The boy is my neighbour. He rang. ➤ **The boy who rang is my neighbour.**

You recommended a film. It was very exciting. ➤ **The film which you recommended was very exciting.**

You are wearing a purse. I made it. ➤ **You are wearing the purse that I made.**

I spent my Summer holidays at a house. This is the house. ➤ **This is the house where I spent my Summer holidays.**

The policemen saw the accident. They called an ambulance. ➤ **The policemen, who saw the accident, called an ambulance.**

TIPOS DE ORACIONES RELATIVAS

Aunque la función de todas las oraciones relativas es ampliar la información que aparece en la oración principal, podemos distinguir entre dos tipos de relativas según si esta información adicional es o no imprescindible para entender la oración. Las oraciones relativas especificativas *(Defining Relative Clauses)* aportan información imprescindible para definir al antecedente al que están subordinadas. En cambio, las oraciones relativas explicativas *(Non-Defining Relative Clauses)* ofrecen información adicional que, aunque puede ser interesante, no es necesaria para comprender la oración. Esta distinción es importante porque las características formales de unas y otras son distintas.

*The shirt **that** shrank is too small now.* Generalmente usamos *who* o *which* para la lengua escrita y *that* para la lengua oral.

Empleamos el pronombre relativo **that** cuando su antecedente es un pronombre, como *anything, nothing, everything, all,* etc., o un superlativo.

Oraciones de relativo

 Para saber qué pronombre relativo es el más adecuado en cada caso, debéis preguntaros tres cosas: a) si ha de ejercer de sujeto, de objeto o de posesivo de la oración de relativo; b) si se refiere a una persona o a un animal u objeto; c) si el tipo de oración relativa es especificativa o explicativa.

TIPOS DE NEXOS EN LAS ORACIONES RELATIVAS

Pronombres relativos	*who*	Remite a una persona.
	whose	Indica propiedad o pertenencia.
	whom	Remite a una persona.
	which	Remite a animal o cosa.
	that	Remite a persona, animal o cosa.
Ausencia de nexo	Ø	
Adverbios	*where*	Indica un lugar.
	why	Indica un motivo.
	when	Indica un tiempo.

DEFINING RELATIVE CLAUSES

El objetivo de las oraciones relativas especificativas es definir claramente de quién o de qué se habla en la oración principal. La información que aparece en este tipo de oración relativa es imprescindible para entender el significado de la oración principal, de la que no puede estar separada por comas.

LOS PRONOMBRES RELATIVOS EN LAS *DEFINING RELATIVE CLAUSES*

Función del pronombre en la oración relativa	Antecedente: persona	Antecedente: animal o cosa
Sujeto	*who / that* The man **who/that** played the flute has won the contest.	*which / that* The shirt **which/that** shrank is too small now.
Objeto	*who / whom / that / Ø* We saw the girl **who/whom/that** you had told us about.	*which / that / Ø* They kept the dog (**which/that**) they had found in the street.
Indicar posesión	*whose* That was the boy **whose** mother is a famous writer.	*whose, of which* Which is the cat **whose** paw was hurt? This is the town the church **of which** is unique in the region.

NON-DEFINING RELATIVE CLAUSES

El propósito de las oraciones relativas explicativas es aportar información suplementaria acerca de un elemento de la oración principal. Los signos de puntuación son muy importantes aquí ya que cuando la oración relativa se encuentra dentro de la oración principal, ésta ha de aparecer entre comas. Asimismo, si la oración relativa aparece detrás de la oración principal, ha de haber una coma antes del pronombre relativo. El pronombre *that* nunca puede hacer de nexo en este tipo de oraciones.

*I didn't take any warm clothes to Iceland, **which** was a very stupid thing to do.*

El pronombre relativo **which** también puede tener por antecedente a toda una oración.

LOS PRONOMBRES RELATIVOS EN LAS *NON-DEFINING RELATIVE CLAUSES*

Función del pronombre en la oración relativa	Antecedente: persona	Antecedente: animal o cosa
Sujeto	**who** *Bette Davis*, **who** *was one of the best actresses of her time, passed away in 1989.*	**which** *The Eiffel Tower*, **which** *is 304 metres high, was build in 1889.*
Objeto	**who / whom** *Paul visited his grandfather*, **whom** *he had not seen for one year.*	**which** *This woman is singing my favourite song*, **which** *I play every morning before I go to school.*
Indicar posesión	**whose** *J.K. Rowling*, **whose** *books are read all over the world, created Harry Potter.*	**whose, of which** *The company*, **whose** *profits have increased in the past years, is donating 2 million dollars to NGOs.*

LAS PREPOSICIONES EN LAS ORACIONES RELATIVAS

Como sabéis, muchos verbos ingleses tienen una preposición integrada en su forma. Al construir una oración de relativo con este tipo de verbos, no podemos dejar de lado la preposición. En registro formal escrito, la preposición aparece delante del pronombre relativo *(Mrs. Gardner, **to whom** I addressed my letter, has not replied yet)*. En cambio, en un registro menos formal, ésta aparece justo detrás del verbo al que rige, al final de la oración de relativo *(Jenny, **who(m)** I talked **to** yesterday, has gone back to England)*.

Bette Davis, who was one of the best actresses of her time, passed away in 1989. Si omitimos la oración relativa explicativa, que aparece entre comas, la oración resultante es correcta y tiene sentido *(Bette Davis passed away in 1989)*. Esta operación sería imposible en las oraciones relativas especificativas.

El pronombre *whom* se usa en registros formales elevados, por lo que apenas lo escucharéis en lengua oral.

*Have you found the notebook **that** you were **looking for**?*

What y **that** pueden ser traducidos como **que**, pero no debéis confundirlos. *What* funciona como un nombre y un pronombre relativo a la vez, y sólo se emplea cuando queremos decir "aquello que" *(She gave me what I asked for)*.

De la oración al texto - Building a text

Para poder expresarnos correctamente en un idioma, especialmente en lengua escrita, es muy importante conocer el modo en el que se construyen textos cohesionados, en los cuales los elementos se enlacen con armonía y la forma tenga en cuenta el contexto de recepción. Muchas de las palabras que hemos aprendido en los capítulos anteriores nos serán muy útiles para poder ordenar nuestras ideas más allá del nivel oracional.

REGISTRO FORMAL Y REGISTRO INFORMAL

Hay muchas palabras y expresiones que podemos utilizar para mostrar la estructura de nuestro discurso. Estas expresiones pueden ser **formales**, para ser usadas en lenguaje escrito, o dirigirnos a personas o entidades a las que queremos mostrar respeto; o **informales**, que usamos más frecuentemente cuando conversamos en tono amistoso y casual para mostrar que hay un mayor grado de confianza con nuestro interlocutor.

Cuando escribimos una carta, debemos tener en cuenta a quién va dirigida para emplear expresiones que muestren el grado de formalidad adecuado.

LA COHESIÓN EN UN TEXTO

Si queremos comunicarnos correctamente, debemos ser capaces de organizar el mensaje que deseamos transmitir de modo que nuestro interlocutor pueda comprenderlo fácilmente. Además de los adverbios y los conectores que ya estudiamos en temas anteriores, que nos ayudan a mostrar la relación que se establece entre distintas oraciones o párrafos de un texto, existen expresiones que también actúan en este sentido. Aunque podemos emplearlos en lengua escrita en textos con un registro relativamente formal, su uso está generalizado en la lengua oral.

EXPRESIONES QUE INTRODUCEN CAUSAS O RESULTADOS

For this reason	Por este motivo
This is the reason why	Este es el motivo por el que
Therefore	Por consiguiente
As a result	Como resultado
Because of this	Por este motivo
Consequently	En consecuencia

Recordad que los adverbios conjuntivos, que estudiamos en el tema dedicado a las conjunciones y otros nexos, nos permiten cohesionar oraciones y párrafos.

EXPRESIONES QUE NOS AYUDAN A ORDENAR UNA ARGUMENTACIÓN

Primer párrafo	
First of all	Antes que nada
In the first place	En primer lugar
To begin with	Para comenzar
At first sight	A primera vista

Segundo párrafo	
Secondly	En segundo lugar
In the second place	En segundo lugar
To continue	Para continuar

Tercer párrafo	
Finally	Finalmente
To end up	Para acabar
In conclusion	Para concluir

Finally, I would like to add that I believe education is the key to success.

EXPRESIONES QUE NOS PERMITEN MATIZAR LO DICHO

More or less	Más o menos
To a certain extent	Hasta cierto punto
At least	Al menos
Basically	Básicamente
Especially	Especialmente
Above all	Sobre todo
In fact	De hecho
Indeed	Efectivamente
As a matter of fact	De hecho
Actually	De hecho

Podemos dar ejemplos usando las expresiones *for example* o *for instance* indistintamente. Otra forma de integrar ejemplos en el texto es con el uso de la expresión *such as*.

*Marta is a very talented girl. She can play instruments **such as** the guitar, the violin and the piano.*

EXPRESIONES PARA AMPLIAR INFORMACIÓN

In addition	Además
Moreover	Además
Apart from this	Aparte de esto
Besides	Además
On the one hand	Por una parte
On the other hand	Por otra parte
On top of that	Además de esto
Futhermore	Además de esto

EXPRESIONES PARA DAR OPINIONES

As I see it	Como yo lo veo
From my point of view	Desde mi punto de vista
As far as I am concerned	Por lo que a mí respecta
In my view	En mi opinión
Personally	Personalmente
To my mind	Según yo lo veo
In my opinion	En mi opinión

De la oración al texto

Cuando queremos ser honestos con nuestro interlocutor, empezamos la frase con expresiones como **To be true** o **To be honest**.

EXPRESIONES PARA RESUMIR LO DICHO

To sum up	Para resumir
All in all	En resumen
In short	En resumen
In other words	En otras palabras
That is (to say)	Es decir

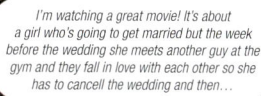

EXPRESIONES EMPLEADAS EN LENGUA ORAL PARA INTRODUCIR UN NUEVO TEMA DE CONVERSACIÓN

Anyway; anyhow; by the way; you know; well then; well now.

Conocimientos útiles - Useful knowledge

Hay ciertos aspectos de la lengua inglesa que son difíciles de conocer si no hemos vivido en alguno de los países donde se habla. En este capítulo hemos seleccionado algunos de estos conocimientos prácticos del idioma que permiten que la comunicación tenga un color más local.

LA FECHA

En inglés, la fecha se escribe de manera distinta a como se dice. En general, escribimos la abreviatura de la terminación del ordinal sobre el número de la fecha *(October 1st, 1932)*, aunque algunas personas la omiten *(October 1, 1932)*. También se pueden abreviar los nombres del mes *(Sept. 13th)*, escribir sólo el día y el mes *(1st April)*, o simplificar la fecha con los dígitos (04.05.1979). Si queremos incluir el día de la semana, lo escribimos delante del mes *(Tuesday, January 7th 2004)*. En cambio, cuando decimos la fecha debemos construir una frase completa con *it's*. Por ejemplo, decimos *It's March **the** third; It's Wednesday July the fifth* o *It's the 1st of April*.

ABREVIATURAS DE LOS ORDINALES

First	-st	1st, 21st, 31st
Second	-nd	2nd, 22nd
Third	-rd	3rd, 23rd
Fourth, sixteenth, etc.	-th	4th, 16th, 20th

Los años en inglés se leen de manera especial: empezamos por los dos primeros dígitos como si formaran una unidad, seguidos de los dos siguientes. De este modo, 1984 se lee 19-84 *nineteen eighty-four*. A partir del año 2000, leemos el número entero como una unidad. Así, 2005 se lee *two thousand five*.

Recuerda que en inglés americano se escribe primero el mes y después el día *(March 21st, 1999; 03.21.1999)*, mientras que en inglés británico aparece primero el día y después el mes *(21st March 1999; 21.03.1999)*.

What's the date today?

It's Monday September the twenty-fifth.

Conocimientos útiles

LA HORA

Cuando estamos en una conversación, la forma más común de decir la hora a alguien es indicar primero los minutos seguidos de la preposición **past** o **to**, y entonces la hora. Los cuartos y la media hora tienen su propia expresión: **quarter past**, **quarter to** y **half past** *(It's half past six)*. **O'clock** sólo se usa para la hora en punto. Existe otra forma de dar la hora: diciendo primero la hora y luego los minutos, sin usar preposiciones *(It's six thirty)*. Esta manera es más frecuente en horarios fijos, anuncios oficiales, etc. En este caso, se usa el reloj de veinticuatro horas. Decimos *The train for York leaves at 17.22 (seventeen twenty-two)*. Si queremos saber la hora decimos *What's the time?* o *What time is it?*

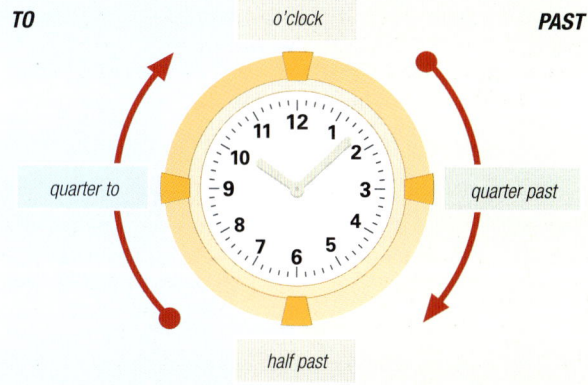

EL USO DE LOS *GREETINGS*

Si analizamos las diferencias que existen en un mismo idioma entre la lengua oral y la lengua escrita, nos daremos cuenta de que al hablar se emplean muchas expresiones e interjecciones que en la lengua escrita apenas se usan. Estas expresiones, distinas en cada idioma, son las que confieren soltura y ritmo a las conversaciones, pero su uso suele estar regulado por modas. Sin embargo, hay un grupo de expresiones cuyo uso está más fijado y que se emplea para felicitar a alguien o para mostrar cordialidad. Son lo que se conoce como *Greetings*.

GREETINGS: FECHAS SEÑALADAS Y ALGUNAS INTERJECCIONES

Situación	Expresión	Situación	Expresión
Cumpleaños	*Happy Birthday!*	Brindis; dar gracias	*Cheers!*
Navidad	*Merry Christmas!*	Estornudos	*Bless you!*
Año Nuevo	*Happy New Year!*	Pedir perdón; interrumpir	*Sorry; Excuse me*
Pascua	*Happy Easter!*	Desear suerte	*Good luck!*
Celebraciones y felicitaciones en general	*All the best!* *Well done!* *Congratulations!*	Quitarle importancia a una situación desafortunada	*Never mind!*

GREETINGS: SALUDOS Y DESPEDIDAS

Situación	Expresiones	Registro
Chris y Nick acaban de encontrarse	*Chris: How do you do?* *Nick: How do you do?*	Formal alto
	Chris: Pleased/nice to meet you. *Nick: Pleased/nice to meet you.*	Formal
	Chris: Hi! How are you? *Nick: Fine, thanks. What about you?*	Informal
	Chris: How are things? *Nick: Not bad!*	Informal alto
Chris y Nick se despiden	*Chris: Nice to have met you.* *Nick: Nice to have met you, too.*	Indistinto
	Chris: It was nice to meet you. *Nick: It was nice to meet you, too.*	Indistinto
	Chris: Bye! / Goodbye! / Cheers! *Nick: See you! / Take care!*	Informal

EL SISTEMA DE MEDIDAS ANGLOSAJÓN

Del mismo modo que los británicos conducen por la izquierda y el resto de europeos lo hacen por la derecha, la cultura anglosajona tiene una tradición propia en relación con el sistema métrico que es distinta a la continental. Aunque la mayoría de anglosajones entienden y utilizan algunas de las medidas del sistema decimal, su costumbre es usar las unidades de medida que aparecen en el recuadro siguiente.

SISTEMA ANGLOSAJÓN	SISTEMA DECIMAL
Linear measures	**Medidas de longitud**
1 *inch* (pulgada)	= 2,54 centímetros
1 *foot* (pie)	= 30,48 centímetros
1 *yard* (yarda)	= 91,44 centímetros
1 *mile* (milla)	= 1.609 metros
Measures of capacity (liquids)	**Medidas de capacidad (líquidos)**
1 *pint* (pinta)	= 0,57 litros
1 *quart* = 2 *pints*	= 1,136 litros
1 *gallon* (galón)	= 4,546 litros
Weights	**Pesos**
1 *grain* (grano)	= 0,0648 gramos
1 *ounce* (onza)	= 28,35 gramos
1 *pound* (libra)	= 453,6 gramos
1 *ton* (tonelada)	= 1.016 kilogramos

Look! The elephants have broken the chair! Each one weights 4 tons.

ALGUNAS DIFERENCIAS ENTRE EL INGLÉS BRITÁNICO Y EL INGLÉS AMERICANO

El inglés británico y el americano han evolucionado de manera distinta en los últimos tres siglos. Aunque una de las diferencias más claras es el acento de sus hablantes, también podemos encontrar variaciones en la ortografía, en el uso de algunos tiempos verbales o en el vocabulario. Los americanos, por ejemplo, utilizan el **Past Simple** cuando los británicos usan el **Present Perfect** *(He just went home / He has just gone home)*. También los americanos prefieren usar el verbo **have** en vez de **have got** *(Do you have a problem? / Have you got a problem?)*. En conversaciones coloquiales, muchos americanos usan **like** cuando un británico usaría **as** o **as if** *(It looks like it's going to rain / It looks as if it's going to rain)*.

US ENGLISH	GB ENGLISH
Check something out	Check something
Do something over	Do something again
Fill in/out a form	Fill in a form
Meet with somebody	Meet somebody
Protest something	Protest against something
Stay home	Stay at home
Monday through Friday	Monday to Friday

Thank you for your help!

Not at all.

Podemos usar **Thanks** o **Thank you** para dar las gracias, y **Not at all** o **You're welcome** para responder a la señal de agradecimiento (ambos son equivalentes al *de nada* castellano).

Conocimientos útiles

DIFERENCIAS ORTOGRÁFICAS ENTRE EL INGLÉS BRITÁNICO Y EL INGLÉS AMERICANO

Inglés británico	Inglés americano	Ejemplo
Las palabras acabadas en *–er*	se escriben *–re*	*center > centre*
Las palabras acabadas en *–our*	se escriben *–or*	*neighbour > neighbor*
Las palabras acabadas en *–ogue*	se escriben *–og*	*analogue > analog*
Las palabras acabadas en *–ise/–ize*	se escriben *–ize*	*baptise > baptize*
Las palabras acabadas en *–ence*	se escriben *–ense*	*licence > license*
Las palabras acabadas en *–amme*	se escriben *–am*	*programme > program*
Las palabras que doblan la *–l–* después de vocal corta	no doblan la *–l–*	*cancelled > canceled*

ÍNDICE ALFABÉTICO DE MATERIAS

A
above (adverbio) 65
abroad (adverbio) 65
abstractos (nombres) 11
acción (verbos de) 95
adición (adverbios conjuntivos de) 89
adjectives 54-61
adjetivo(s), el 54-61
    acabados en -ing y en -ed 57
    formación de los 56
    grados del 58
    irregulares 61
    con preposición 81
    sustantivación del 55
adjuntivos (adverbios) 66
admit (verbo) 118
adverbio(s), el 62-69
    y el adjetivo 68
    clasificación 62
    conjuntivos 89
    gradación del 66
    tipos 63
adverbs 62-69
advise (verbo) 121
afirmación (adverbios) 63
after (conjunción subordinante) 86
afterwards (adverbio) 64
ago (adverbio) 64
allow (verbo) 121
along (adverbio) 65
already 142
alternativa (adverbios conjuntivos de) 89
although (conjunción subordinante) 87
always (adverbio) 64
-amme (terminación) 195
and (conjunción) 83
Angles 15
anglosajón, sistema de medidas 193
animales, sustantivos de 30
any, uso de 45
anything 51
anywhere (adverbio) 67
artículo(s), los 40
    definido 41
as (conjunción subordinante) 86
as if (conjunción subordinante) 87
as though (conjunción subordinante) 87
aspecto perfectivo e imperfectivo (verbo) 91
at (preposición) 74, 78
-ation (sufijo) 34
Australia e inglés 24
auxiliares (verbos) 93, 102-103
avoid (verbo) 118
away (adverbio) 65

B
backward (adverbio) 65
badly (adverbio) 64, 66
bare infinitive 115
be (verbo irregular) 96
be, to (verbo auxiliar) 103

beat (verbo irregular) 96
because (conjunción subordinante) 86
become (verbo irregular) 96
before (adverbio) 64
before (conjunción subordinante) 86
begin (verbo irregular) 96
begin (verbo) 121
below (adverbio) 65
bend (verbo irregular) 96
bet (verbo irregular) 96
between 80
beyond (adverbio) 65
bite (verbo irregular) 96
bleed (verbo irregular) 96
break (verbo irregular) 96
bring (verbo irregular) 96
build (verbo irregular) 96
building a text 186-189
burst (verbo irregular) 96
but (conjunción) 83
buy (verbo irregular) 96

C
can (verbo modal) 106-108
capacity (medidas) 193
cardinales (determinantes numerales) 44
carefully (adverbio) 64
carry on (verbo) 118
catch (verbo irregular) 96
causalidad (conjunciones) 86
certainly (adverbio) 66
choose (verbo irregular) 96
close (adverbio) 65
coldly (adverbio) 64
colectivos (nombres) 27
come (verbo irregular) 96
comparativo, el grado 58
comparativos, los 58-59
compleja (oración) 161
complejos (verbos) 98
complemento verbal 99
complementos del predicado 159
compuestos (adverbios) 63
compuestos (nombres) 37
concesión (adverbios conjuntivos de) 89
concesión (conjunciones) 87
concretos (nombres) 37
condición (conjunciones) 87
condicional (oración) 170-173
conditionals 170-173
conectores, los 82-89
conjunciones, las 82-89
    coordinantes 82
    correlativas 84
    subordinantes 86
    tipos 82
conjunctions 82-89
conjuntivos (adverbios) 67
connectors 82-89
consider (verbo) 118
constantly (adverbio) 64

Índice alfabético de materias

contables (nombres) 32, 45
continue (verbo) 121
contraste (adverbios conjuntivos de) 89
conversión, la 34
coordinantes (conjunciones) 83
copulativos (verbos) 96
correlativas (conjunciones) 84
cortesía (adverbios) 63
cost (verbo irregular) 96
could (verbo modal) 106, 108
cut (verbo irregular) 96

D

daily (adverbio) 64
dangerously (adverbio) 64
decimal, sistema 193
Declaración de Independencia (EE. UU.) 21
defining relative clauses 183
delay (verbo) 118
demostrativos
    determinantes 42
    pronombres 49
deny (verbo) 118
derivación, la 35
derivados (adverbios) 63
desiderativas (oraciones) 169
determinantes, los 38-45
    y los adjetivos 38
    clasificación 38
    demostrativos 42
    indefinidos 44
    numerales 44
    posición en el sintagma nominal 39
determiners 38-45
diferencias entre el inglés británico y
    el inglés americano, 194
dirección (preposiciones) 73
dis- (prefijo) 57
disjuntivos (adverbios) 67
dislike (verbo) 118
do (verbo irregular) 96
do, to (verbo auxiliar) 102, 104
doble negativo, el 165
draw (verbo irregular) 96
drink (verbo irregular) 96
drive (verbo irregular) 96
duales (determinantes numerales) 44
dubitativas (oraciones) 169
duda (adverbios) 63

E

early (adverbio) 64
easily (adverbio) 64
eat (verbo irregular) 96
Elisabeth I 21
-ence (terminación) 195
encourage (verbo) 121
enjoy (verbo) 118
Enrique V 20

enumeración (adverbios conjuntivos de) 89
enunciativas (oraciones) 162
-er (sufijo) 34
-er (terminación) 193
espacio (preposiciones) 72, 74
espacio indefinido (adverbios) 67
estado (verbos de) 95
estilo
    directo 178
    indirecto 178-179
estructuras comparativas 58-59
even if (conjunción subordinante) 87
even though (conjunción subordinante) 87
ever 142
ever (adverbio) 64
everything 51
everywhere (adverbio) 67
exclamativas (oraciones) 169
expresiones
    argumentación 187
    con gerundio 119
    de matización 188
    de mayor información 188
    de opinión 188
    de resumen 189

F

fall (verbo irregular) 96
familia, sustantivo de 30
far (adverbio) 65
fast (adverbio) 64
fecha, la 190
feel (verbo irregular) 96
fight (verbo irregular) 96
finally (adverbio) 66
find (verbo irregular) 96
finish (verbo) 118
first (adverbio) 64
first conditional 171
fly (verbo irregular) 96
foot (medida) 193
for 80, 145
forbid (verbo) 121
forget (verbo irregular) 96, 121
forgive (verbo irregular) 96
fortunately (adverbio) 66
forward (adverbio) 65
frecuencia (adverbios) 65
frequently (adverbio) 65
-ful (sufijo) 57
furthermore (adverbio) 66
future
    continuous (tiempo verbal) 153
    perfect continuous 155
    perfect simple (tiempo verbal) 125
    simple (tiempo verbal) 125, 150
futuro (tiempo verbal) 150-157

G

gallon (medida) 193
generally (adverbio) 64

ÍNDICE ALFABÉTICO DE MATERIAS

género gramatical, el 31
gerundio (verbo) 114-123
get (verbo irregular) 96
give (verbo irregular) 96
give up (verbo) 118
go (verbo irregular) 96
grado comparativo, el 58-59
grain (medida) 193
greetings, los 192
grow (verbo irregular) 96
grupo verbal, el 122

H

hang (verbo irregular) 96
hardly ever (adverbio) 65
Hastings, batalla de 19
have (verbo irregular) 96
have something done 177
have to (verbo modal) 106
have, to (verbo auxiliar) 102, 104
he (pronombre personal) 48
hear (verbo irregular) 96
hear (verbo) 121
her (determinante posesivo) 42
her (pronombre reflexivo) 52
here (adverbio) 65, 66
hers (pronombre posesivo) 50
hide (verbo irregular) 96
his (determinante posesivo) 42
his (pronombre posesivo) 50
his (pronombre reflexivo) 52
hit (verbo irregular) 96
hold (verbo irregular) 96
-hood (sufijo) 34
hora, la 191
how (pronombre interrogativo) 167
how long 145
how many (pronombre interrogativo) 167
how much (pronombre interrogativo) 167
however (adverbio) 66
hurt (verbo irregular) 96

I

I (pronombre personal) 48
i (terminación) 195
if (conjunción condicional) 170
if (conjunción subordinante) 87
il- (prefijo) 57
im- (prefijo) 57
imagine (verbo) 118
imperativo (modo) 91
in- (prefijo) 57
in (preposición) 74, 75, 78
in case (conjunción subordinante) 87
in order to (conjunción subordinante) 86
inch (medida) 193
incontables (nombres) 32, 45
indefinidos (determinantes) 45
indefinidos (pronombres) 50
indefinitely (adverbio) 64
India e inglés 24
individuales (nombres) 27
indoors (adverbio) 65
inferencia (adverbios conjuntivos de) 89
infinitivo (verbo) 114-121
-ing, la forma en (verbo) 114-121
inglés británico e inglés americano, 195
inglés
   en el mundo 20-25
   origen del 14
inside (adverbio) 65
interrogación, la 180
interrogativas (oraciones) 166
intransitivos (verbos) 96
involve (verbo) 118
ir- (prefijo) 57
irregulares (verbos) 96-97
-ise (terminación) 195
-ish (sufijo) 57
it (pronombre personal) 48
its (determinante posesivo) 42
its (pronombre reflexivo) 52
-ity (sufijo) 34
-ize (terminación) 195

J-K

just 142
Jutes 15
keep (verbo irregular) 96, 118
know (verbo irregular) 96

L

lately (adverbio) 64
later (adverbio) 64
leave (verbo irregular) 96
lend (verbo irregular) 96
-less (sufijo) 57
let (verbo irregular) 96
léxicos (verbos) 94
lie (verbo irregular) 96
light (verbo irregular) 96
-like (sufijo) 57
línea temporal, la 122
linear (medidas) 193
lose (verbo irregular) 96
loudly (adverbio) 64
lugar (adverbios) 65
lugar (conjunciones) 87
lugar (preposiciones) 73
-ly (sufijo) 57

M

make (verbo irregular) 96
manera (conjunciones) 87
may (verbo modal) 106, 110
mayúsculas, uso de las 37
mean (verbo irregular) 96
medidas anglosajón, sistema de 193
meet (verbo irregular) 96
melting pot 25
-ment (sufijo) 34
mention (verbo) 118

might (verbo modal) 106, 110
mile (medida) 193
mind (verbo) 118
mine (pronombre posesivo) 50
miss (verbo) 118
mixtos (verbos) 95, 98, 99
modales (verbos) 93, 106-113, 181
　en voz pasiva 176
modalidad oracional 162
modo (adverbios) 64
modo (verbo) 90
　imperativo 91
　subjuntivo 93
múltiplos (determinantes numerales) 44
must (verbo modal) 106, 109, 110
my (determinante posesivo) 42
my (pronombre reflexivo) 53

N

names (sustantivo) 26-37
near (adverbio) 65
nearly always (adverbio) 65
need to (verbo modal) 106
negación (adverbios) 63
negativas (oraciones) 163
-ness (sufijo) 34
never 142
never (adverbio) 65
nicely (adverbio) 64
nombres
　compuestos 36
　concretos y abstractos 28
　contables e incontables 32-33, 45
　individuales y colectivos 27
nombres (sustantivo) 26-37
nombres propios 27
non-defining relative clauses 184
nor (conjunción) 83
nothing 51
nouns (sustantivo) 26-37
now (adverbio) 64
nowhere (adverbio) 67
Nueva Zelanda e inglés 24
numerales (determinantes) 44
número (verbo) 90
número, el 30

O

occasionally (adverbio) 65
of 80
often (adverbio) 65
-ogue (terminación) 125
on (preposición) 75, 78
on + sustantivo 81
once (conjunción subordinante) 86
one 51
oposición (conjunciones) 87
opposite (adverbio) 65
or (conjunción) 83
oración(es), la 158-173
　compleja 161

condicional 170-173
desiderativas 169
dubitativas 169
enunciativas 162
exclamativas 169
interrogativas 166
negativas 163
de relativo 182-185
simple 161
subordinada 87
tipos 162-163
ordinales (determinantes numerales) 44
ought to (verbo modal) 106, 109, 110
ounce (medida) 193
our (determinante posesivo) 42
our (pronombre reflexivo) 53
-our (terminación) 195
ours (pronombre posesivo) 50
outdoors (adverbio) 65
outside (adverbio) 65

P

partitivos (determinantes numerales) 44
　uso de los 32
passive voice 174-177
past
　continuous (tiempo verbal) 139
　perfect simple (tiempo verbal) 124
　simple (tiempo verbal) 124, 134-135, 136-137, 138-139
pay (verbo irregular) 96
permit (verbo) 121
persona (verbo) 90
personales (pronombres) 47, 48
phrasal verbs 99, 101
pint (medida) 193
plural
　formación del 30
　irregular 31
posdeterminantes 39
posesión, 'S para expresar 43
posesivos (pronombres) 50
posición (preposiciones) 72
positivo, el grado 58
post- (prefijo) 57
pound (medida) 193
practise (verbo) 118
pre- (prefijo) 57
predeterminantes 39
predicado, el 159
　complementos del 159
prefer (verbo) 117
preposicionales (verbos) 99
preposiciones, las 70-81
　características 70
　con gerundio 119
　en oraciones relativas 185
　tipos 71
prepositions 70-89
present
　simple (tiempo verbal) 124, 126-127

ÍNDICE ALFABÉTICO DE MATERIAS

continuous (tiempo verbal) 130-133, 144
perfect continuous 144-145, 148
perfect simple (tiempo verbal) 125, 140-141, 142
primitivos (adverbios) 63
proceso (verbos de) 95
profesiones, sustantivo de 30
pronombres, los 46-53
   clasificación 47
   demostrativos 49
   interrogativos 167
   indefinidos 50
   personales 47, 48
   posesivos 50
   reflexivos 52
   relativos 53, 183, 184
pronouns 46-53
provided that (conjunción subordinante) 87
put (verbo irregular) 96

Q

quart (medida) 193
question tags 168
quickly (adverbio) 64
quietly (adverbio) 64

R

rarely (adverbio) 64
read (verbo irregular) 96
recently 142
reflexivos (pronombres) 52
reformulación (adverbios conjuntivos de) 88
registro formal e informal 186
regret (verbo) 118
regulares (verbos) 97
relativo (oraciones de) 182-183
relativos (pronombres) 53
remember (verbo) 117
reported speech 178-181
reporting verbs 179
resist (verbo) 118
resultado (adverbios conjuntivos de) 88
ride (verbo irregular) 96
ring (verbo irregular) 96
rise (verbo irregular) 96
risk (verbo) 118
run (verbo irregular) 97

S

'S, utilización de 43
Saxons 15
say (verbo irregular) 97
second conditional 172
see (verbo irregular) 97, 121
seldom (adverbio) 65
self- (prefijo) 57
sell (verbo irregular) 97
send (verbo irregular) 97
sentence, the 158-161
shake (verbo irregular) 97
shall (verbo modal) 106, 111
she (pronombre personal) 48
shine (verbo irregular) 97
-ship (sufijo) 34
shoot (verbo irregular) 97
should (verbo modal) 106, 111, 112
show (verbo irregular) 97
shut (verbo irregular) 97
simple (oración) 161
simples (verbos) 98
since 145
since (adverbio) 64
since (conjunción subordinante) 86
sing (verbo irregular) 97
sink (verbo irregular) 97
sintagma nominal, el 29
sintagmas con valor adverbial 69
sistema de medidas anglosajón 193
sistema decimal 193
sit (verbo irregular) 97
sleep (verbo irregular) 97
slowly (adverbio) 64
so (conjunción) 83
so far 142
so that (conjunción subordinante) 86
some, uso de 45
something 51
sometimes (adverbio) 65
somewhere (adverbio) 67
speak (verbo irregular) 97
spend (verbo irregular) 97
stand (verbo irregular) 97
start (verbo) 121
steal (verbo irregular) 97
still 142
subjuntivo (modo) 93
subordinantes (conjunciones) 86
Sudáfrica e inglés 24
suddenly (adverbio) 64
sufijos
   que identifican adjetivos 57
   que identifican sustantivos 34
suggest (verbo) 118
sujeto, el 158
superlativo, el grado 60-61
sustantivación del adjetivo 55
sustantivo(s), el 26-37
   clasificación 27
   formación de 34
   con marca de género 30
   con preposición 80
   seguidos de preposición y gerundio 119
swim (verbo irregular) 97

T

take (verbo irregular) 97
teach (verbo irregular) 97
tear (verbo irregular) 97
tell (verbo irregular) 97
temporarily (adverbio) 64

Índice alfabético de materias

tenses 122-157
texto, cohesión en un 187
that (pronombre demostrativo) 49
that (determinante demostrativo) 42
that (pronombre relativo) 52
the, utilización de 40
their (determinante posesivo) 42
their (pronombre reflexivo) 53
theirs (pronombre posesivo) 50
then (adverbio) 64
there (adverbio) 65, 66
therefore (adverbio) 66
these (determinante demostrativo) 42
these (pronombre demostrativo) 49
they (pronombre personal) 48
think (verbo irregular) 97
third conditional 173
this (determinante demostrativo) 42
this (pronombre demostrativo) 49
those (determinante demostrativo) 42
those (pronombre demostrativo) 49
though (conjunción subordinante) 87
throw (verbo irregular) 97
tiempo (adverbios) 64
tiempo (conjunciones) 86
tiempo (preposiciones) 77
tiempos verbales 122-157
   en voz pasiva 175
to 80
ton (medida) 193
tonight (adverbio) 64
transitivos (verbos) 96
try (verbo) 121

U

un- (prefijo) 57
unless (conjunción subordinante) 87
until (adverbio) 64
until (conjunción subordinante) 86
usually (adverbio) 65

V

verbo(s), el 90-121
   auxiliares 102-113
   características 90
   clasificación 92
   complemento 99
   irregulares 96-97
   modales 102-113
   con preposición 100
   regulares 96-97
   seguidos de infinitivo y gerundio 117
   seguidos de preposición
   y gerundio 119
   transitivos y posición del complemento 160
voz
   activa 174
   pasiva, la 174-177

W

wake (verbo irregular) 97
watch (verbo) 121
we (pronombre personal) 48
wear (verbo irregular) 97
weekly (adverbio) 64
weights (medidas) 193
well (adverbio) 64, 66
what (pronombre interrogativo) 167
when (conjunción subordinante) 86
when (pronombre interrogativo) 167
whenever (conjunción subordinante) 86
where (pronombre interrogativo) 167
where(ever)
   (conjunción subordinante) 86
whereas (conjunción subordinante) 87
which (pronombre interrogativo) 167
which (pronombre relativo) 52, 184
while (conjunción subordinante) 86
who (pronombre interrogativo) 167
who (pronombre relativo) 52, 184
whom (pronombre relativo) 52, 184
whose (pronombre interrogativo) 167
whose (pronombre relativo) 52, 184
why (pronombre interrogativo) 167
will (verbo modal) 106, 113
with (preposición) 81
win (verbo irregular) 97
would (verbo modal) 106, 112
write (verbo irregular) 97

Y

-y (sufijo) 57
yard (medida) 193
yesterday (adverbio) 66
yet (conjunción) 83
yet 83, 142
you (pronombre personal) 48
your (determinante posesivo) 42
your (pronombre reflexivo) 53
yours (pronombre posesivo) 50

Z

zero conditional 170

verticales de bolsillo es un sello editorial de Grupo Editorial Norma.

Proyecto y realización
Parramón Ediciones, S.A.

Textos
Susana Casares Domingo

Fotografías
Age Fotostock, Aisa, Album, Archivo Parramón,
E. Banqueri, Boreal, M. Clemente, D. Julián

Ilustraciones
Farrés Il·lustració Editorial, Studio Càmara

© 2009, de la presente edición en castellano para todo el mundo,
Parramón Ediciones, S.A. para
verticales de bolsillo
Ronda de Sant Pere, 5, 4ª planta, 08010 Barcelona
(Grupo Editorial Norma)
www.norma.com

Primera edición: enero de 2009

Diseño de la colección: Compañía

Maquetación y preimpresión
Pacmer, S.A.

Dirección de Producción
Rafael Marfil

Producción
Marta Costa

ISBN: 978-84-92421-61-9

Depósito Legal: NA-3768-2008
Impreso y encuadernado por Rodesa

Impreso en España - *Printed in Spain*

Ninguna parte de esta publicación, incluido el diseño de la cubierta, puede ser reproducida, almacenada o transmitida de manera alguna ni por ningún medio, ya sea electrónico, químico, mecánico, óptico, de grabación o de fotocopia, sin permiso previo por escrito del editor.